POGGIONE+BIONDI
ARQUITECTOS

POGGIONE+BIONDI

Arquitectura, paisaje y sostenibilidad
Architecture, Landscape, and Sustainability

Primera edición / First Edition, 2023

Ámsterdam 163 A, Hipódromo
Ciudad de México, 06100
ISBN: 978-607-8880-16-4

Textos / Texts
© Zaida Muxí
© Josep Maria Montaner
© Roberto Fernández
© Susel Biondi
© René Poggione

Fotografías / Photography
Cristóbal Palma, excepto / except:
Elsa Ramírez: pp. 86, 89-95
Evelyn Merino-Reyna: pp. 2-13
Juan Solano Ojasi: pp. 140-146, 148-149, 174, 180-181, 184-185
Michelle Llona R.: pp. 14, 66, 70-73, 109, 147
Renzo Rebagliatti: pp. 179, 182-183

Dirección general / Director
Miquel Adrià

Dirección editorial / Editorial director
Brenda Soto Suárez

Coordinación editorial / Editorial manager
Karina Reyes Maqueda

Diseño / Design
Ápice | Maira Fragoso Peña

Corrección de estilo / Copy editing
Gwennhael Huesca Reyes

Traducción / Translation
Quentin Pope

Preprensa / Prepress
A. Andrés Monroy

www.arquine.com

ARQUITECTURA,
PAISAJE Y
SOSTENIBILIDAD

POGGIONE+BIONDI

ARCHITECTURE,
LANDSCAPE, AND
SUSTAINABILITY

POSFACIO DE
AFTERWORD BY
ROBERTO FERNÁNDEZ

JOSEP MARIA MONTANER & ZAIDA MUXÍ

A Paloma, María y Mateo, sin duda,
nuestros mejores proyectos.

To Paloma, María, and Mateo,
undoubtedly our finest projects.

INDEX

ÍNDICE

Words and forms

Josep Maria Montaner and Zaida Muxí

Celebrating twenty years of architecture created by René Poggione and Susel Biondi and their team, this book presents their work in words and forms.

René and Susel's work combines the finest aspects of contemporary architecture. Their work is deeply rooted in Lima, Peru, while also displaying an international awareness, planned and constructed using open processes on larger scales in closer contact with the landscape. Their projects connect the architectural object—so nostalgic about perfection, so desirous of security—with the urban surroundings, social needs, and the rebalancing of ecosystems.

In common with all works, theirs begin with the drawing, this human instrument which, as María Zambrano wrote in *Amor y muerte en los dibujos de Picasso* (Havana, 1952), "takes shape by taking contradictions and joining them." In the case of architecture, drawing has to meet several requirements to join them in a buildable proposal based on a process. Drawing makes the invisible visible, extracting the possible. Drawings of plans develop into diagrams, moving from the concept to the initial forms, the vehicle or safe passage toward the project itself.

The understanding of history, context, people, techniques, and materials gradually evolves into forms, which are articulated in the structure, surfaces, walls and columns, doors and windows, living areas and courtyards, gardens, roofs, skylights... The horizon and the sky.

Poggione+Biondi's architecture is essentially urban and at the same time seeks to recover nature and enrich the daily life of a culture like Peru's, so deeply rooted in communal life. New challenges still await: urban projects, masterplans, parks, re-landscaping interventions. The studio's story, which can now be written with words and deeds, must now continue with large-scale projects and forms.

So far, their work has been undoubtedly humanistic, made to rebut Michel Foucault's wager that in the future human beings will be erased "like a face drawn in sand at the edge of the sea" (*The Order of Things*, London, 1970).

Las palabras y las formas

Josep Maria Montaner y Zaida Muxí

Este libro celebra que el equipo de René Poggione y Susel Biondi ha superado veinte años de trabajo. Aquí se presenta su obra argumentada en palabras y formas.

En la obra de René y Susel confluyen las mejores cualidades de la arquitectura contemporánea. Su obra, con raíces profundas en Lima, Perú, y al mismo tiempo con una sensibilidad internacional, es proyectada y ejecutada en procesos abiertos que buscan escalas mayores y más próximas al paisaje. Su labor pretende reconciliar el objeto arquitectónico —tan nostálgico de la perfección, tan refugiado en la parásita seguridad— con el entorno urbano, las exigencias sociales y el reequilibrio de los ecosistemas.

Como todas las obras, las suyas arrancan en el dibujo, este instrumento humano que, como escribió María Zambrano en *Amor y muerte en los dibujos de Picasso* (La Habana, 1952), "se va definiendo atravesando los contrarios y uniéndolos". En el caso de la arquitectura, el dibujo ha de atravesar múltiples requerimientos para unirlos en una propuesta construible a partir de un proceso. El dibujo hace visible lo invisible, hace surgir las entrañas de lo posible. En este devenir del dibujo desplegado en los planos está el momento del diagrama, el paso de los conceptos a las primeras formas, el vehículo o salvoconducto hacia el proyecto.

Los conocimientos de la historia, el contexto, las personas, las técnicas y los materiales se traspasan paulatinamente hacia las formas, que se articulan en la estructura, las superficies, los muros y las columnas, las puertas y las ventanas, las estancias y los patios, los jardines, las cubiertas, los lucernarios... El horizonte y el cielo.

La arquitectura de Poggione+Biondi es esencialmente urbana y al mismo tiempo busca recuperar la naturaleza y enriquecer la cotidianidad de una cultura como la peruana, tan enraizada en lo común. Aún le quedan retos: los proyectos urbanos, los *masterplans*, los parques, las intervenciones para rehacer paisajes. Su historia, que ya se puede escribir con palabras y realizaciones, ha de continuar con proyectos y formas de mayor escala.

Hasta ahora es, en definitiva, una arquitectura humanista, hecha para refutar la apuesta de Michel Foucault, que decía que, en el futuro, los seres humanos se van a borrar "como en los límites del mar un rostro de arena" (*Las palabras y las cosas*, París, 1966).

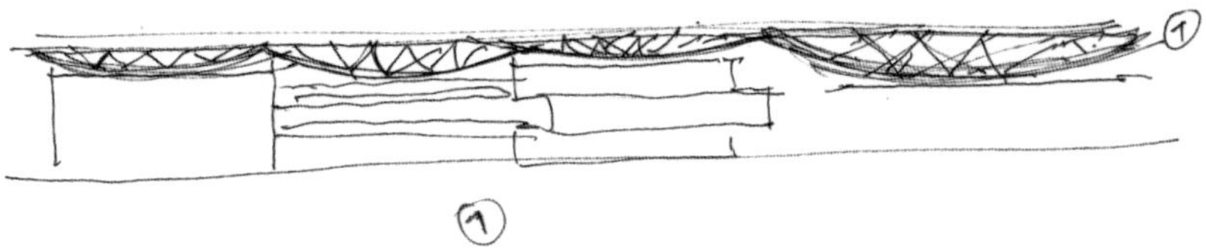

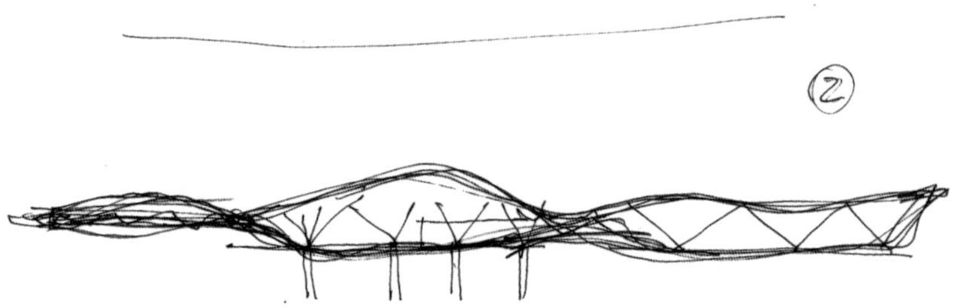

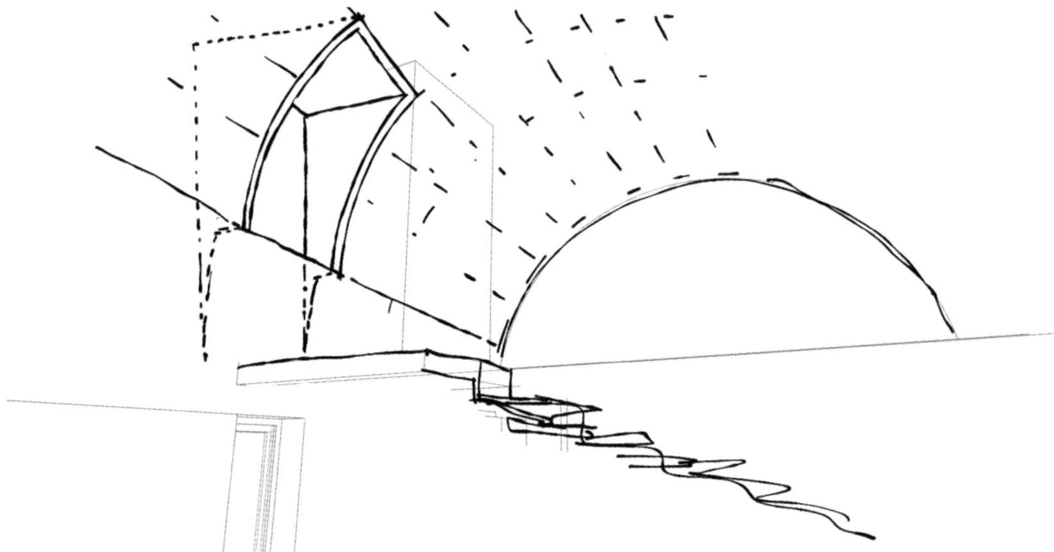

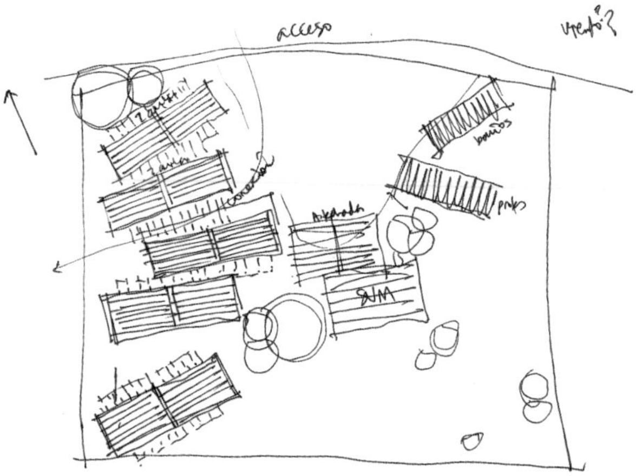
acceso

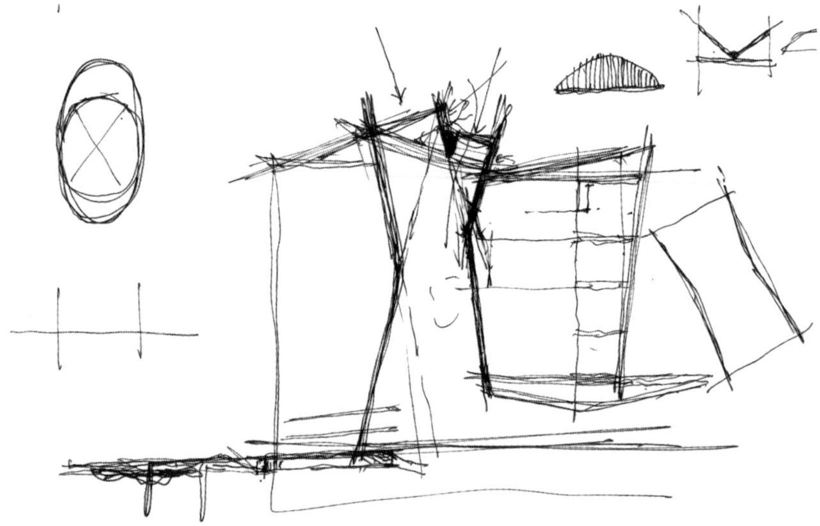

3

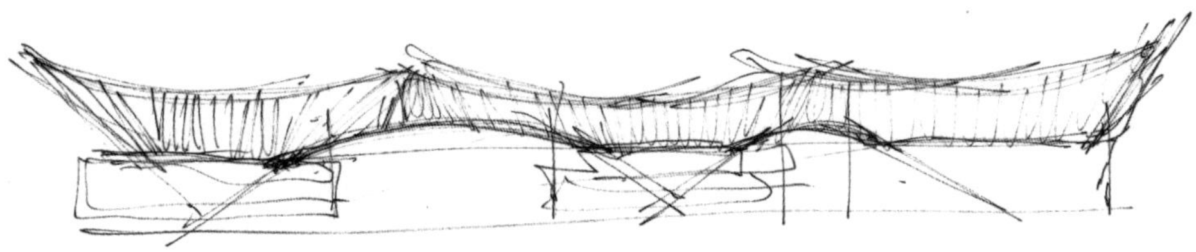

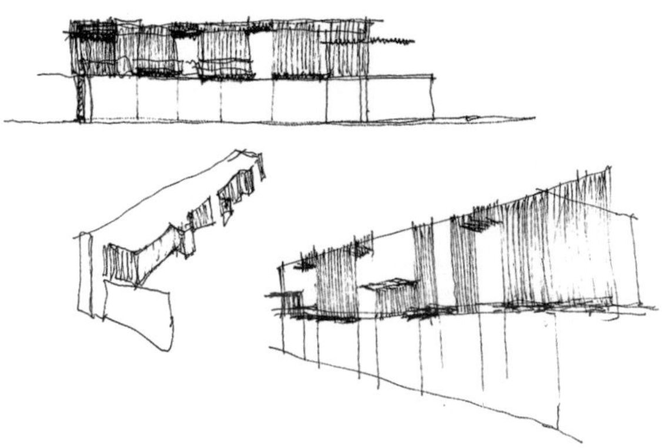

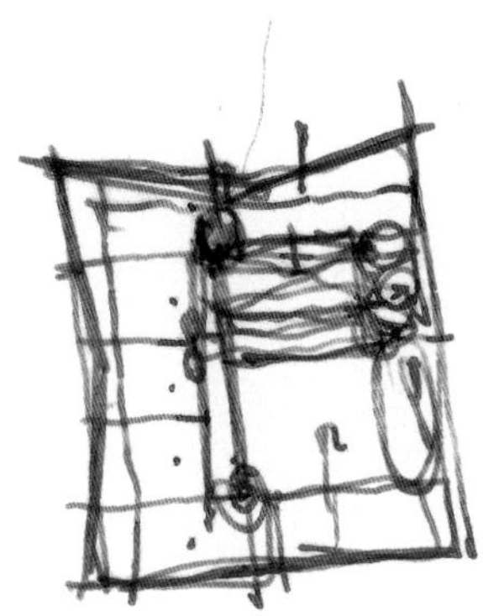

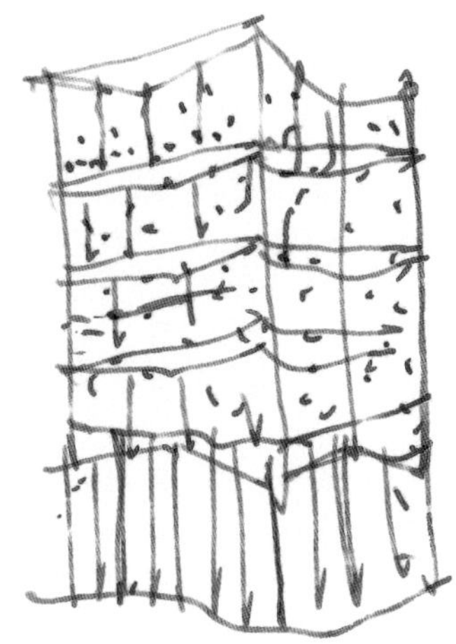

4

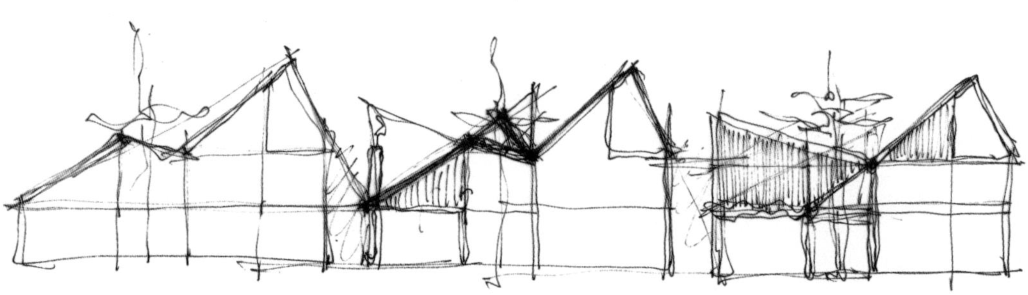

COMPLEX IDEAS: EDUCATION AND PRACTICE

PENSAMIENTO COMPLEJO: FORMACIÓN Y PRÁCTICA

Complex ideas: education and practice

René Poggione and Susel Biondi are partners in life and work, parents of Paloma, María, and Mateo. Their personal and professional relationship has produced outstanding results. Established in 1999, the Poggione+Biondi studio combines different and complementary interests, capacities, backgrounds, and training in a friendly, respectful way, creating a prolific and interesting body of work.

Susel was born in Lima and studied at the Architecture Faculty of the Universidad Ricardo Palma (URP), which has left its mark on Peruvian contemporary architecture. She was always one of the top students in her class, and upon graduating she received the Ccori Wasi Award in recognition of her achievements. This is unsurprising for someone so inquisitive, attentive, empathetic, intelligent, hard-working, and meticulous. She continued her education with a postgraduate course in Sustainable Urban Design and Construction from the Institute for Housing and Urban Development Studies of the Netherlands in 2002, and a PhD in Architecture focused on sustainability from the Université Catholique de Louvain (UCLouvain), in Belgium.

René was born in Luján and studied architecture at the Universidad de Morón in the province of Buenos Aires. The dark period of Argentinean history led to the discipline of architecture to be considered and discussed in spaces removed from the main centers of formal education. Such was the case of "La Escuelita" (1976–1981), which began with the urge to reclaim architectural practice at the initiative of a group of architects and teachers. Founded by Antonio "Toni" Díaz and Rafael Viñoly, later joined by Ernesto Katzenstein, Justo Solsona, Javier Sánchez Gómez, Flora Manteola, and Sandro Borghini, among others. This teaching around the project was marked by theory, under the guidance of Diana Agrest, Mario Gandelsonas, Jorge Silvetti, and Jorge Francisco Liernur, to name only a few.

With the arrival of democracy in Argentina in 1982, these teachers returned to their posts in public universities, bringing an end to La Escuelita, which had been a reference point for an entire generation of architects who were taught from a distance by Aldo Rossi and Manfredo Tafuri—members of Italy's critical "tendenza" movement for architecture and the city—as well as Álvaro Siza and Rafael Moneo.

In some way, within this social and cultural environment it was inevitable that the young René should decided to study a postgraduate in architecture in the Istituto Universitario di Architettura di Venezia, where he could attend in person the lectures given by the luminaries of the time.

Susel was one of the brightest and most promising young students at the URP when René took up a teaching post and embodied a position that challenged Peru's traditionally regionalist approach—which even coexisted alongside the avant-garde of the "Agrupación Espacio" and Luis Miró Quesada—that lay in this university's

Pensamiento complejo: formación y práctica

René Poggione y Susel Biondi son socios de trabajo y de vida, padres de Paloma, María y Mateo. Son una sociedad a la vez sentimental y profesional que da los mejores resultados. Formado en 1999, el estudio Poggione+Biondi entreteje intereses, capacidades, orígenes y formaciones diferentes y complementarias, que se conjugan en un estar amable y respetuoso, que ha fructificado en una prolífica e interesante producción.

Susel nació en Lima y estudió en la Facultad de Arquitectura de la Universidad Ricardo Palma (URP), que ha marcado la producción contemporánea de arquitectura en Perú. Desde el principio se distinguió entre las mejores estudiantes. Al graduarse recibió el Premio Ccori Wasi como reconocimiento a su rendimiento. No es de extrañar en una persona que es curiosa, atenta, empática, inteligente, trabajadora y meticulosa. Su formación continuó en el posgrado en Construcción y Diseño Urbano Sostenible, en 2002, en el Institute for Housing and Urban Development Studies de Holanda, y entre 2004 y 2008, en el doctorado en arquitectura enfocado en la sostenibilidad, en la Université Catholique de Louvain (UCLouvain), en Louvain-la-Neuve, en Bélgica.

René nació en Luján y se formó como arquitecto en la Universidad de Morón, provincia de Buenos Aires. La etapa oscura que atravesaba la historia argentina causó que la disciplina fuera pensada y discutida en espacios apartados de los grandes centros de formación oficiales. Fue el caso de “La Escuelita” (1976-1981), que comenzó con la voluntad de recuperar la práctica del diseño a instancias de un grupo de arquitectos y docentes. Fundada por Antonio “Toni” Díaz y Rafael Viñoly, luego se sumaron Ernesto Katzenstein, Justo Solsona, Javier Sánchez Gómez, Flora Manteola y Sandro Borghini, entre otros. Esta enseñanza en torno al proyecto estuvo marcada por los seminarios de discusión teórica liderados, entre otros, por Diana Agrest, Mario Gandelsonas, Jorge Silvetti y Jorge Francisco Liernur.

Con la llegada de la democracia al país, en 1982, los participantes volvieron a enseñar en la universidad pública, lo que marcó la desaparición La Escuelita, referencia para toda una generación de arquitectas y arquitectos, que a la distancia tuvieron como maestros a Aldo Rossi y Manfredo Tafuri —integrantes de la denominada *tendenza italiana*, todo un proyecto crítico para la arquitectura y la ciudad—, así como a Álvaro Siza y Rafael Moneo.

De cierta manera, en este entorno social y cultural, resultó ineludible que el joven René estudiara un posgrado en arquitectura en el Istituto Universitario di Architettura di Venezia, donde tuvo la oportunidad de escuchar en vivo las lecciones de los referentes del momento.

Susel era una de las más brillantes y prometedoras estudiantes de la URP cuando René llegó a trabajar como profesor y personificó una posición alternativa

DNA and in the powerful influence of Juvenal Baracco in the Architecture Faculty. We should recall that in Lima, in opposition to Manuel González Prada's internationalist anarchism, the intellectual Ricardo Palma represented the establishment's academic and historicist position.

The ranks of a more internationalist approach gradually began to swell with new architecture studios who also graduated from the URP, such as Sandra Barclay and Jean Pierre Crousse, who worked together for fifteen years in Paris, initially with Henry Ciriani; Sharif Kahatt and Marta Morelli, who studied their master's and PhD in Barcelona and Harvard; and Patty Llosa and Rodo Cortegana.

Years later, René accompanied Susel to study her PhD and he began his own doctoral program in architecture teaching, also at UCLouvain. He complemented this further education with a master's on healthcare architecture, because the studio has formed a new partnership specializing in healthcare architecture and he is currently studying a PhD at Universidad de la República in Montevideo.

The joining of these inquisitive and intellectually curious personalities is a hallmark of a studio always in search of holistic solutions in which the city plays a vital role. Their projects are designed to form part of a large puzzle of the urban city, to add architectural value and reinforce architecture's urban element.

The studio's constructions cannot be pigeon-holed into a priori forms; Poggione+Biondi experiment with materials in order to find the best option for each situation. The structure of their projects is essential in shaping the buildings and often in their visible language.

Following this introduction, the book is arranged into five parts: form and structure; sustainable materials and light; daily settings; urban architecture; and scales of landscape. A preamble for each part explains the concepts in relation to Poggione+Biondi's works, and takes the form of an interview between the text's authors and the architects.

o enfrentada al regionalismo siempre fuerte en Perú —que convivía incluso con la vanguardia de la Agrupación Espacio y Luis Miró Quesada—, insertado en los genes de la casa de estudios y en la fuerte presencia del maestro Juvenal Baracco en la Facultad de Arquitectura. Recordemos que, en la cultura limeña, en oposición al anarquismo internacionalista de Manuel González Prada, el intelectual Ricardo Palma representó la posición académica e historicista del *establishment*.

Hay una línea más internacionalista engrosada poco a poco por nuevos equipos de arquitectos que también se formaron en la URP, por ejemplo, Sandra Barclay y Jean Pierre Crousse, que trabajaron quince años en París, en un principio con Enrique Ciriani; Sharif Kahatt y Marta Morelli, que estudiaron la maestría y el doctorado en Barcelona y Harvard, y Patty Llosa y Rodo Cortegana.

Años más tarde, René acompañó a Susel a estudiar su doctorado y comenzó el suyo en pedagogía del proyecto arquitectónico, también en la UCLouvain. A esta formación se suma una maestría sobre centros hospitalarios, porque el estudio ha formado una nueva sociedad dedicada a la arquitectura hospitalaria, y actualmente cursa el doctorado en arquitectura en la Universidad de la República en Montevideo, Uruguay. La unión de estas personalidades de intelecto inquieto y curiosidad apasionada es la marca del estudio, siempre en la búsqueda de soluciones con base holística, en las que la ciudad juega un papel fundamental. Sus obras son pensadas para conformar el gran rompecabezas de la ciudad contemporánea, añadir valor arquitectónico y reforzar la capacidad de elemento urbano de la arquitectura.

Sus edificaciones no se encasillan en formas apriorísticas, su trabajo experimenta con materiales para encontrar el mejor para cada situación. El proyecto de las estructuras es esencial en la conformación de los edificios y muchas veces en su lenguaje visible.

A partir de esta presentación, el libro se estructura en cinco partes: forma y estructura; luz y materia sostenible; escenarios cotidianos; arquitectura urbana y escalas del paisaje. Cada parte tiene un texto introductorio a los conceptos en relación con las obras de Poggione+Biondi y se desarrolla con una entrevista de los autores del texto a los arquitectos.

How much do you think international and local influences have shaped your education?

Susel Biondi Both have been an influence. René takes a more analytical approach to design processes and so I think he could map out the origins of our ideas more accurately. I'm not so sure how to trace my influences, but they're certainly more emotional and sensory than academic or intellectual. For instance, I've always admired my uncle Erik "Coque" Antúnez de Mayolo, an architect and artist with a remarkable artistic sensibility and practical rationality. He was the person who inspired me to study architecture.

I can also refer to my education at the Architecture Faculty, which began under Juvenal Baracco's tutelage and ended under René, who began his "taller" or workshop in 1999 with a focus on sustainability. In 1999, during the final year of my degree and about to graduate, I felt that I hadn't found a space within the workshop setting to develop projects with a perspective of the landscape and ecological interactions and impacts.

In T14—a course for pupils from the third to the tenth cycle—, René's integral workshop began in 1999, I spent my first semester of this workshop and the final one of my degree course working in Peru's desert coastal region. This gave me a radically different perspective, and one that was in tune with what I was looking for: an approach that encompassed multiple scales, territories, landscape, urban issues up to an architectural scale. After completing the semester, René invited me to join the workshop's teaching staff, which I was pleased to do because I obviously felt the need to continue this exploration of architecture on multiple scales. Later he invited me to work in his studio. After collaborating with him for a while—not in the Faculty itself, contrary to some urban legends—we started our relationship as a couple. And as business partners. And now as parents. And who knows what other partnerships await [laughter].

René Poggione Jorge Luis Borges, a strong influence on me, once said that Latin Americans have a right to all the traditions, and that each one is universally conditioned by the mother tongue. I think that we are also conditioned by what I like to call the "mother landscape."

I think that over the years Susel and I have tried to build the contemporary universal gaze based on local rootedness to formulate each one of our projects.

SB I've also been influenced by my education in the Netherlands during my postgraduate studies at the Institute for Housing and Urban Development Studies, due to its focus on sustainability for specific and quantifiable ecological

¿En qué medida consideráis las influencias internacionales y las locales en vuestra formación?

Susel Biondi De los dos, René es el que intelectualiza más los procesos de diseño y por ello creo que puede tener más mapeada la genealogía de sus propuestas. Yo, la verdad, no estoy muy segura de cómo rastrear mis influencias, pero de seguro van más por un tema afectivo que académico, y un plano más sensorial que intelectual. De repente, lo primero es la admiración por mi tío arquitecto y artista, Erik "Coque" Antúnez de Mayolo, de una sensibilidad artística y una racionalidad práctica que siempre he admirado. De hecho, por él decidí estudiar arquitectura.

Luego se suman el aprendizaje en la Facultad de Arquitectura, que empieza en el taller de Juvenal Baracco y termina en el taller de René, abierto en 1999, con su propuesta de sostenibilidad. En 1999, en el último ciclo de mi carrera, casi a punto de egresar, sentía que no había encontrado un espacio de taller en el que se abordara el proyecto desde la mirada del paisaje y la reflexión de las interacciones y los impactos ecológicos, desde la reflexión en torno a la sostenibilidad.

En el T14 —cátedra con alumnos desde tercero hasta décimo ciclo—, el taller integral que René inaugura en 1999, trabajamos ese primer semestre del taller y último de mi carrera en el desierto costero peruano. Para mí se trató de una mirada radicalmente distinta que sintonizaba con mi búsqueda: un enfoque multiescalar, territorial, paisajístico, urbanístico, llegando hasta la escala arquitectónica. Terminado el semestre, René me invitó a colaborar con el equipo docente del taller, lo cual hice con mucho gusto, porque obviamente sentía la necesidad de continuar en esa exploración de la arquitectura con una mirada multiescalar. Luego de eso me invitó a trabajar en su estudio. Después de trabajar con él un tiempo —no en la Facultad, como dicen algunas leyendas urbanas—, estuvimos juntos como pareja. Y como socios. Y ahora como padres. Y quién sabe como qué más nos tocará en el futuro [risas].

René Poggione Dice Jorge Luis Borges, mi gran influencia, que los latinoamericanos tenemos derecho a todas las tradiciones y que, de manera universal, cada uno está condicionado por el lenguaje materno. Pienso también que estamos condicionados por lo que me gusta llamar el "paisaje materno".

Creo que a lo largo del tiempo Susel y yo hemos tratado de construir la mirada universal de época desde el arraigo local del lugar para formular cada uno de nuestros proyectos.

aspects; years later, as the first part of my doctoral studies and to obtain the diploma for advanced studies, I took a "Master Européen en Développement Durable," where I met leading figures from the world of sustainability. I was accompanied by prestigious figures when I was preparing my thesis: André de Herde (supervisor), and Roberto Fernández and Juan Rieser (advisors). Moreover, I had the good fortune to join UCLouvain's Architecture and Climate Research Unit in Belgium. It was inspiring to form part of this wonderful group of people focused on research, with a very clear emphasis on studying the climate and energy efficiency to offer comfortable interiors, with numerous areas of research in the European context, but also sharing experiences of other doctoral students from around the world.

RP We meet teachers as we go through life. For me, a teacher is someone who, at some point, sometimes fleetingly or over a longer period, expands your gaze, or changes your perspective on things, and this gradually becomes a part of who you are. I think back to Alberto Spitale, my fifth-grade teacher, who taught me literature, history, and geography, and who could draw a whole picture from one subject, without separating things, who taught me to laugh while working hard. Or games of chess with my father after lunch, or the coffees in the bar opposite the faculty building, where we normally discussed architecture.

These teachers are sometimes friends, sometimes books, journeys, films, music, poetry, art, streets, cities, markets, landscapes, philosophy. Sometimes they have names, such as Clorindo Testa, Manfredo Tafuri or Massimo Cacciari; or they are artists, like Wim Wenders, Sofia Coppola, Federico Fellini, Chet Baker, Nina Simone, Nick Cave, J. M. Coetzee, Julio Cortázar, Marguerite Yourcenar, "El Negro" Fontanarrosa, or Hugo Guerrero Marthineitz; Friedrich Schiller or Walter Benjamin, Kazimir Malévich, Jorge Oteiza, Astor Piazzolla o Pau Casals, or architects such as Aldo van Eyck, José Antonio Coderch, Luis Barragán, Peter Zumthor, or Ignasi de Solà-Morales. Sometimes they are closer, like Josep Maria Montaner and Zaida Muxí, Roberto Fernández, Mateo Eiletz, Raúl Souto, Miguel Bartolucci, or Jorge Ramírez. And sometimes, our teachers are the pupils or the many lovely people who accompany us and affect us; sometimes, often, I learn from our children, and always from Susel who swiftly turned from pupil to teacher.

SB Otras influencias para mí serían lo aprendido en Holanda, en el curso de posgrado que hice en el Institute for Housing and Urban Development Studies, por su enfoque de sostenibilidad en aspectos ecológicos concretos y cuantificables. Años después, como la primera parte de mi formación doctoral y para obtener el diploma de estudios avanzados, cursé el Master Européen en Développement Durable, donde conocí a grandes personalidades del mundo de la sostenibilidad. Para el desarrollo de mi tesis tuve el acompañamiento de grandes maestros: de director a André De Herde y de asesores a Roberto Fernández y Juan Rieser. Además, tuve la suerte de integrarme a la célula de investigación Architecture et Climat, de la UCLouvain, en Bélgica. Fue muy enriquecedor haber formado parte de ese lindo grupo humano dedicado a la investigación, con un énfasis muy claro en el estudio del clima y la eficiencia energética para proveer confort interior, con múltiples investigaciones en el contexto europeo, pero también compartiendo experiencias de otros doctorandos del resto del mundo.

RP A lo largo de la vida uno se va encontrando con maestros. Un maestro para mí es alguien que, en algún momento, a veces de modo fugaz o más prolongado, consigue que amplíes la mirada, que te cambia la perspectiva de las cosas, que se va infiltrando hasta construir poco a poco ese que eres. Pienso en Alberto Spitale, mi maestro de quinto grado, que me enseñó literatura, historia y geografía, armando todo desde un tema, sin separar las cosas, que me enseñó a reír mientras trabajábamos duramente. O los partidos de ajedrez con mi papá después del almuerzo, o los cafés en el bar frente a la Facultad, donde más discutimos arquitectura.

Esos maestros a veces son amigos, a veces libros, viajes, cine, música, poesía, arte, la calle, la ciudad, los mercados, los paisajes, la filosofía; a veces tienen nombres, como Clorindo Testa, Manfredo Tafuri o Massimo Cacciari; o artistas, como Wim Wenders, Sofia Coppola, Federico Fellini, Chet Baker, Nina Simone, Nick Cave, J. M. Coetzee, Julio Cortázar, Marguerite Yourcenar, el "Negro" Fontanarrosa o Hugo Guerrero Marthineitz; Friedrich Schiller o Walter Benjamin, Kazimir Malévich, Jorge Oteiza, Astor Piazzolla o Pau Casals, o arquitectos como Aldo van Eyck, José Antonio Coderch, Luis Barragán, Peter Zumthor o Ignasi de Solà-Morales. Algunos más íntimos, como Josep Maria Montaner y Zaida Muxí, Roberto Fernández, Mateo Eiletz, Raúl Souto, Miguel Bartolucci o Jorge Ramírez. A veces, los maestros son los alumnos o tanta gente querida que va pasando a nuestro lado y nos va infiltrando; a veces, muchas veces, son los hijos, y siempre es Susel, que rápidamente pasó de discípula a maestra.

FORM AND STRUCTURE

FORMA Y ESTRUCTURA

Form and structure

In Poggione+Biondi's architecture, structure becomes the philosopher's stone of each work, in the essence and synthesis of the factors that make an impact on the project, on its form and function, its orientation and material quality. The structure's clarity is present in the final result and in what is visible. Also in the logic of the construction, which allows for interior flexibility and minimizes maintenance requirements.

From one of their earliest works such as Cuartelillo in the port of Callao (2000–2001) to their larger projects such as the Backus warehouses in Piura (2011–2012), the studio has shown coherence: attention to detail in structural clarity, a suitable palette of materials, a search for natural lighting and ventilation, saving resources, and blending their buildings into their surroundings.

The double tower of the Holiday Inn in Lima's Miraflores district (2014–2019) is the maximum expression and culmination of these objectives: the joining-up of the powerful expression of the earthquake-resistant structure and the production of a remarkable urban landmark. The concrete modulations are essential in the horizontal, vertical, and diagonal elements which are defined every two levels, informing the composition of each window. The Pullman Hotel (2021) also has these qualities: a suitable urban presence, brise soleils on the façades, and L-shaped plan that confirms to the hotel typology. The lobby invites visitors to enter thanks to the natural light flooding in from above, which recreates the sensuality of the spaces with the wide range of materials, textures, and reliefs.

Their architecture is always more tectonic than stereotomic: the space is less the result of a void as the air inside that defines the constituent parts, which exists between the horizontal and vertical planes, between the columns and the walls. An experience that evokes Alois Riegl's definition (*Late Roman Art Industry*, Giorgio Bretschneider Editore, Rome, 1985, p. 21):

> Filled with the air of the atmosphere, space leading the eyes of the naive beholder to see individual external objects as separate from one another, is for the very same reason not material but the negation of material and consequently a void. Therefore, because it cannot be individualized in a material shape, space was originally not able to become a subject for ancient artistic creation.

That is how matter and space act dialectically in the work of Poggione+Biondi.

Forma y estructura

En la arquitectura de Poggione+Biondi, la estructura se convierte en la piedra filosofal de cada obra, en la esencia y la síntesis de los factores que inciden en el proyecto, en su forma y funcionalidad, su orientación y materialidad. La claridad de la estructura está presente en el resultado final y en lo visible. También en la lógica de la construcción, que permite la flexibilidad interior y favorece el mantenimiento.

Desde una de sus primeras obras, el Cuartelillo en el Puerto de Callao (2000-2001), hasta proyectos de mayor envergadura, como las naves de Backus en Piura (2011-2012), demuestran la coherencia de sus planteamientos: cuidado en la claridad estructural, elección adecuada de materiales, búsqueda de la iluminación y ventilación natural, ahorro de recursos e integración del edificio en el contexto.

La torre doble del hotel Holiday Inn, en Miraflores (2014-2019), es la máxima expresión y culminación de estos objetivos: la unión de la contundente expresión de la estructura resistente a sismos y la configuración de un fuerte hito urbano. Es fundamental el modulado de concreto, con la trama horizontal, vertical y en diagonal que se define cada dos pisos, en el que se basa la composición de cada ventana. El Hotel Pullman (2021) tiene también dichas cualidades: buen encaje urbano, protección solar en las fachadas y planta abierta en forma de L, capaz de asumir la tipología de hotel. El *lobby* invita a entrar, está lleno de luz cenital que recrea intensamente la sensualidad de los espacios con la diversidad de materiales, texturas y relieves.

Su arquitectura es siempre más tectónica que estereotómica. El espacio no es tanto el resultado del vaciado como el aire interno que delimita los elementos constitutivos, aquello que se habita entre los planos horizontales y verticales, entre las columnas y los muros. Una experiencia que rememora la definición de Alois Riegl (*El arte industrial tardorromano*, Visor, Madrid, 1992, p. 33):

> El espacio lleno de aire atmosférico, por el que, para la ingenua observación sensorial, cada uno de los objetos externos parece estar separado de los demás, no constituye para esta observación un individuo material, sino la negación de lo material y, por lo tanto, la nada. De ahí que el espacio no pudiera originariamente convertirse en un objeto de la creación artística antigua, pues no era posible individualizarlo materialmente.

Así, materia y espacio actúan de manera dialéctica en la obra de Poggione+Biondi.

When conceiving projects, which is the first step: form, uses, structure, or relationship with the context? How do you combine all these factors?

René Poggione Each project has its own backstory. We begin by trying to untangle it by talking about it among ourselves, drawing outlines, images, sketches in little notebooks or in the margins of the main drawings, small studio models, everything very handcrafted. Most of all, we try to define the project's logic (the "what") and its strategies (the "how").

We look for the chinks in the project's hard reality: some kind of fissure or friction, a light through which we can pass through, making it and thinking about it to generate an added value that contributes to the life of people, the city, the landscape, and to what we like to call "the culture of sustainability," trying to move beyond the concept of sustainable architecture, to become responsible citizens who contribute to this culture through their specific roles as designers of things, inevitably influencing the community's actions.

The form, uses, structure, relationship to the context, the economy, these all exist in every decision, in every step we take. They are like the obligations or responsibilities of architecture, which limit its freedom and differentiate it from art. However, there is always an aspiration to create beauty, like a horizon, a utopia.

When we see that the project is articulated with all these ingredients, we become enslaved to it and we work on ensuring its consistency.

Susel Biondi In the project's initial stage, there's an overlap and mutual interaction between the two. We begin by speaking about the factors affecting the project. We talk in words and drawings, trying to ask the right questions, to make the project seek sensations and meet needs. This leads to the first conceptual layouts that try to bring about the project's insertion into its location, its use, form, and structure... all at a very general level, which sometimes comes from one of us more than the other, but it is always the result of joint ideas.

The relationship with the context and the responsibility of its impact on its surrounding area is considered at every phase of the project, but I think it's stronger initially, with the conceptual proposal, and then in the development, with the defining of those ideas more pragmatically and technically.

Peter Zumthor—another strong influence on both of us—says that making architecture means asking yourself questions, finding your own answers through a series of circular movements and approaches. Over and over again. I think that's also how we go about our architectural practice: our own, unique, original response to each situation, each context, each story.

En la concepción del proyecto, ¿cuál es el paso inicial: la forma, los usos, la estructura, la relación con el medio? ¿Cómo combináis todos estos factores?

René Poggione Cada proyecto viene con su propia historia a cuestas. Los primeros pasos son para tratar de desentrañarla. Lo hacemos verbalizando entre nosotros, dibujando esquemas, imágenes, croquis en libretitas o al borde de los dibujos principales, pequeñas maquetas de estudio, todo muy artesanal. Sobre todo, buscamos establecer las lógicas —el qué— y las estrategias —el cómo— del proyecto.

Trabajamos en encontrar los resquicios de la dura realidad del proyecto, alguna fisura, alguna fricción, alguna luz por donde podemos meternos e ir transitándolo, haciéndolo, pensándolo para generar un valor extra que aporte a la vida de las personas, a la ciudad, al paisaje y a esto que nos gusta llamar "la cultura de la sostenibilidad", tratando de superar el concepto de arquitectura sostenible, para situarnos como unos ciudadanos responsables que aportan a esta cultura desde su especificidad de "con-formadores" —diseñadores— de cosas, que influyen inevitablemente sobre las acciones de la comunidad.

La forma, los usos, la estructura, la relación con el medio, la economía, todo eso está presente en cada decisión, en cada acción que vamos tomando, son como las obligaciones o responsabilidades que tiene la arquitectura, que constriñen su libertad y la diferencian del arte. Sin embargo, siempre hay una aspiración a la belleza, como un horizonte, como una utopía.

En un momento, cuando vemos que el proyecto se articula con todos estos ingredientes, nos volvemos unos esclavos de éste y trabajamos buscando ajustar su consistencia.

Susel Biondi En el proceso inicial del proyecto hay un juego complementario e intercalado de los dos. Al comienzo conversamos sobre los factores que inciden y afectan al proyecto, conversamos en palabras y en dibujos, tratando de plantear las preguntas correctas, persiguiendo con el proyecto la búsqueda de sensaciones y el cumplimiento de obligaciones. De ahí aparecen primero esquemas conceptuales que buscan articular la inserción del proyecto en su lugar, su uso, su forma y su estructura, todo muy genérico, que a veces es más de uno y otras veces más del otro, pero siempre es fruto de las reflexiones conjuntas.

La relación con el medio y la responsabilidad del impacto en él está presente en cada etapa del proyecto, pero creo que más fuertemente en la inicial, con el planteamiento conceptual, y luego en el desarrollo, con la concreción de esas ideas en un plano más pragmático y técnico.

This approach to the project "through a series of circular movements and approaches, over and over again," this mechanic of rethinking, reviewing, re-designing at every stage, is something I believe all architects have in common; it's the key for work that tries to grasp the complexity of the reality with which it must interact. Again and again. Each time we look at it from a new angle or from a different direction. Each time we change the scale.

Peter Zumthor —otra gran influencia y confluencia de ambos— dice que hacer arquitectura significa plantearse uno mismo preguntas, significa hallar una respuesta propia mediante una serie de aproximaciones y movimientos circulares. Una y otra vez. Creo que también es nuestro modo de hacer: una respuesta propia, es decir, única, original, para cada situación, cada contexto, cada historia.

Esta metodología de acercarse al proyecto "mediante una serie de aproximaciones y movimientos circulares, una y otra vez", esta mecánica de repensar, revisar, rediseñar en cada etapa del proyecto, que creo que es común a todos los arquitectos, es la clave para que los proyectos intenten acercarse a comprender la complejidad de la realidad con la que tienen que interactuar. Una y otra vez. Cada vez que lo miramos desde otro ángulo, otra dirección y sentido, cada vez que cambiamos de escala.

Hotel Pullman - Miraflores

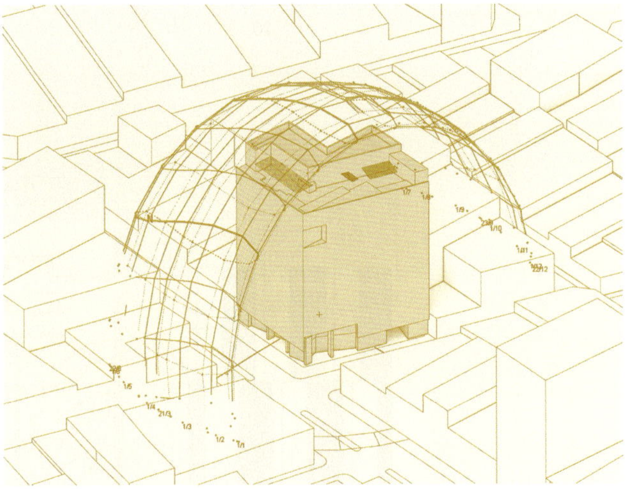

Miraflores, Lima, Perú | 22 281 m² | 2021
12º 07' 46" S, 77º 01' 46" W | 73 msnm / 73 m.a.s.l.
Litoral subtropical / Sub-tropical coast
En asociación con / In association with | AMASM
Cliente / Client | INVERKO/ATTKO
Ingenierías / Engineering | Antonio Blanco, Deustua
Constructor / Construction | COSAPI

The Pullman Hotel is in the very heart of Miraflores, two blocks from the seafront, with partial sea views. This corner-plot development has conservative forms; it follows the contours of the lot's borders and creates a precise cladding with a section of black anodized aluminum, with solar control glazing alternating with environmentally certified fiber cement panels, on a slightly concave angle that regulates the minimal shade in Lima and causes the light to reverberate, particularly at sunset when the building glows.

The façade's composition adds some opaqueness to the cladding and a shading coefficient on the glass surfaces. This combines to create a thermally efficient cladding to reduce the need for mechanical air conditioning. The glazing used on the building's base and entrance is also a bas-relief that offers some protection from the sun, reducing solar gain without preventing transparency.

As with any urban-friendly project, we paid particular attention to the building's relationship to the ground and sky. We designed a highly transparent base which connects the interiors with the street and invites passersby to enter, at the same time as generating a visual relation through consecutive courtyards leading to the lower floors, which illuminate and ventilate the meeting rooms and offices. The clear lines at the top level and a setback above the terrace to contain the necessary services create a rooftop space with a swimming pool and green roofs as a terrace space and bar, directly accessible from the ground floor.

The bottom two levels span the entire plot. Above them, 246 hotel rooms are distributed in an L-shape across the 14 stories. A large green roof covers the second floor, and natural light streams through skylights to suffuse the large double-height space below which contains the hotel bar and restaurant, including a suspended mezzanine space that plays with different spatial and visual sensations.

El Hotel Pullman se encuentra en pleno centro de Miraflores, a dos cuadras del malecón, con vistas parciales al mar. Este proyecto de esquina se desarrolla con una gran sobriedad formal. Se alinea a la forma del terreno y crea una envolvente cuidadosa, compuesta de una trama de aluminio anodizado negro, en la que se insertan piezas de cristal con protección solar alternadas con paneles de fibrocemento con certificación ambiental en un leve ángulo cóncavo, que permite graduar las leves sombras limeñas y hacer reverberar la luz, en especial en la puesta del sol, cuando el edificio resplandece.

La composición de las fachadas brinda un porcentaje de opacidad a la envolvente y un coeficiente de sombra en los planos vidriados. En conjunto, se obtiene una envolvente eficiente en términos climáticos que reduce las cargas de aire acondicionado. El tratamiento en vidrio del zócalo y del ingreso al edificio es también un bajorrelieve con factor de protección solar, que disminuye las ganancias solares sin impedir la transparencia.

Como todo proyecto respetuoso con la ciudad, cuidamos la relación del edificio con el suelo y el cielo. Diseñamos un zócalo muy transparente que comunica los espacios interiores con la calle e invita al transeúnte a entrar, al mismo tiempo que genera una relación visual mediante patios consecutivos hacia los pisos inferiores, que iluminan y ventilan las salas de reuniones y la administración. En lo alto, el remate limpio del volumen y un retranqueo que acomoda por encima de la azotea las áreas técnicas necesarias generan un *rooftop* con piscina y techos verdes como espacio de terraza y bar, a los que se accede directo desde el primer piso.

Los dos primeros niveles ocupan la totalidad del lote. Por encima de ellos, las 14 plantas con 246 habitaciones se resuelven en forma de L. Sobre el segundo piso se deja un techo verde extensivo, con tragaluces que dejan entrar la luz cenital al gran espacio en doble altura donde se encuentran el bar y el restaurante, en el que se suspende un entrepiso que juega con diferentes sensaciones espaciales y visuales.

0 20

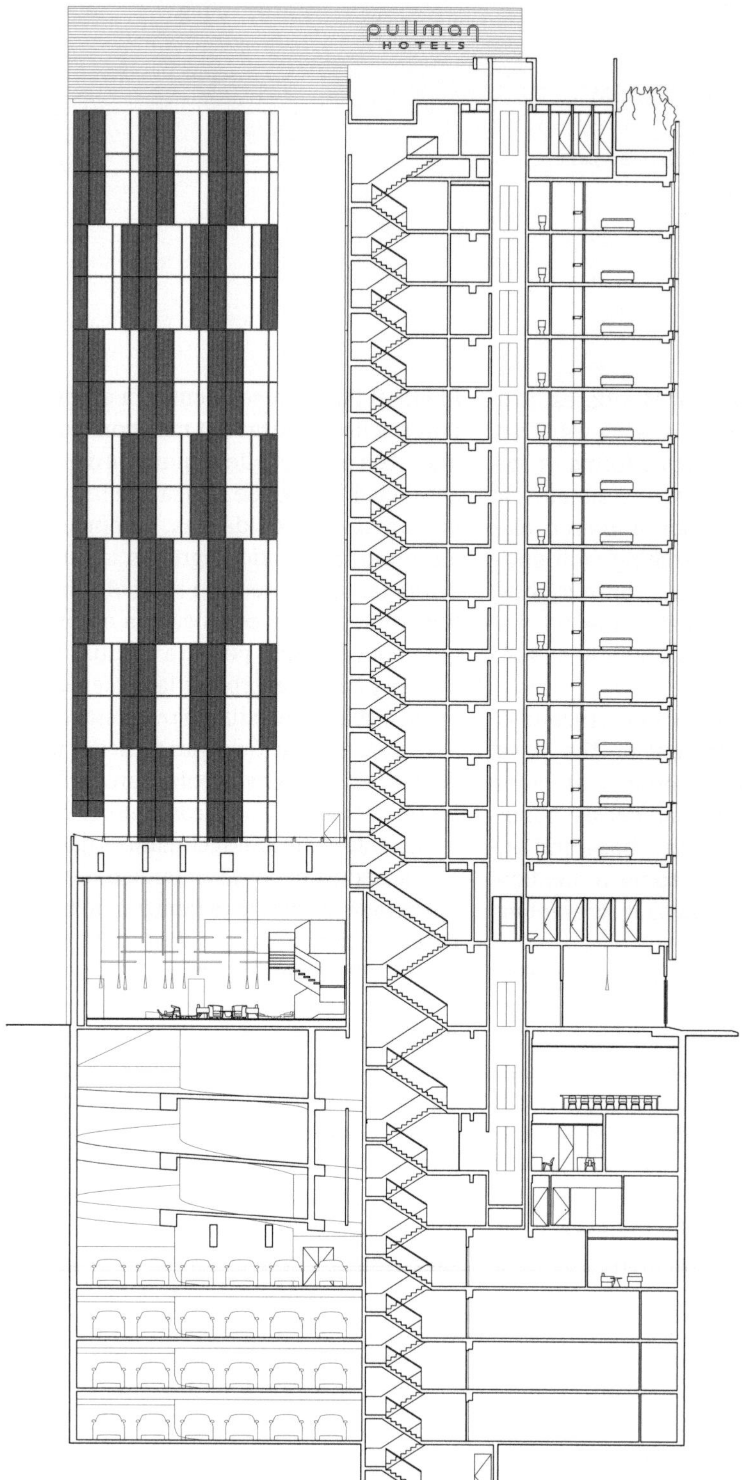

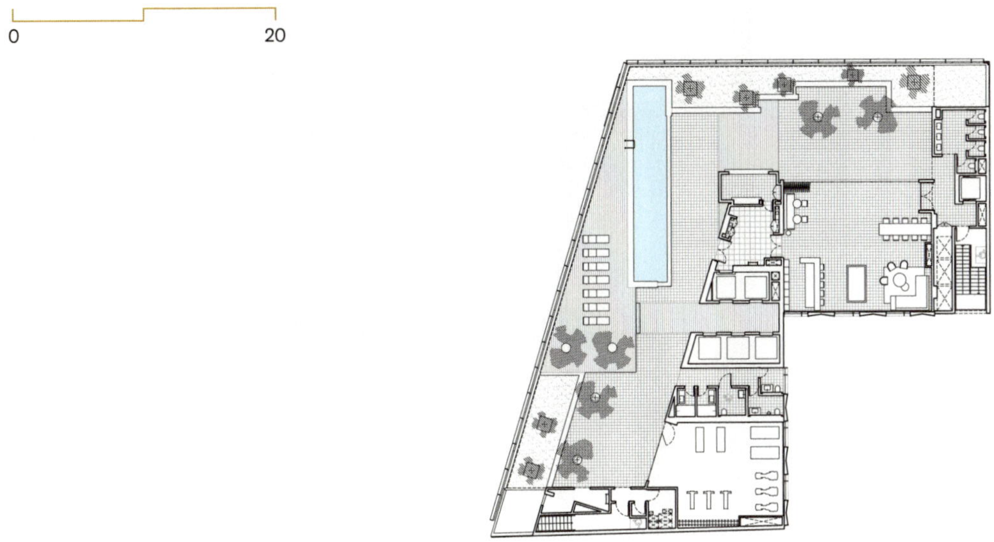
0
20

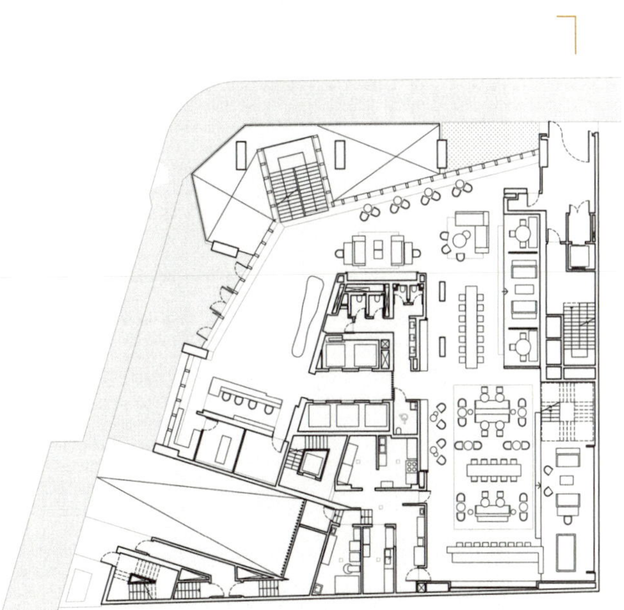

515

pullman

pullman
HOTELS

HACIA CA. J. FANNING
NO VOLTEAR A LA IZQUIERDA
PARADERO
FANNING

Holiday Inn
Holiday Inn

Hotel Holiday Inn - Miraflores

Miraflores, Lima, Perú | 22 360 m² | 2019
12° 07' 07" S, 77° 01' 37" W | 90 msnm / 90 m.a.s.l.
Litoral subtropical / Sub-tropical coast
Cliente / Client | Grucoba
Ingenierías / Engineering | René Lagos,
JG Ingenieros, RH10
Constructor / Construction | ORION/DVC

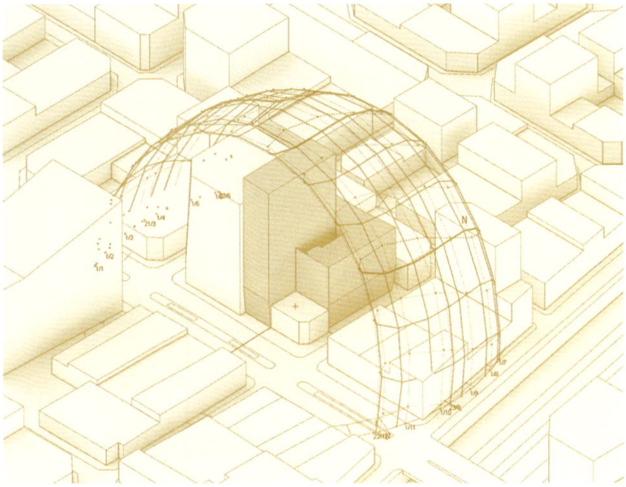

Lima is located on a strip of coastal desert, on the 12th parallel south. Its arid, subtropical climate is influenced by the cold ocean, giving the city some special characteristics: it lacks rain and is enveloped by an almost year-round sea mist, yet receives high levels of solar radiation. Aware that our buildings will become part of the local urban surroundings, we always prioritize environmental factors and strive to develop a close relationship between our architecture and the city.

This project's particular quality is how it occupies an L-shaped piece of land that wraps around the corner plot. The building's frontages are on two perpendicular streets and its volume has a concave corner instead of the usual convex one. Structural requirements and urban regulations called for the use of concrete plates for this concave corner. The importance of the resulting urban void meant that these could not be dividing plates but integrated within the architectural complex. Furthermore, different regulations defined the possible elevations of each section of the L-shaped plot. We established a complex and careful relationship with González Prada's listed house, to the rear of the plot.

For the structure, we minimized the number of the building's interior elements for greater flexibility and spatial freedom. An exo-structure ensures the building's seismic and static performance: a concrete casing creates an external grid and also provides shade.

The final solution that synthesizes the project's strategy was the use of exposed concrete to merge the urban and structural language with the building's architectural expression, which respected the pavement for pedestrians and the city's skyline.

Lima se ubica en una franja de desierto costero, a 12° de latitud sur. Su clima es subtropical árido, influenciado por el mar frío, con rasgos especiales, como la ausencia de lluvias, un cielo cubierto de neblinas durante gran parte del año y elevada radiación solar a pesar de esto. Cada vez que hacemos un edificio estamos conscientes de que será parte del lugar y conformará un trozo de ciudad, por eso partimos desde estas condiciones ambientales y buscamos una relación intensa entre arquitectura y ciudad.

La condición particular de este proyecto es que ocupa un terreno en forma de L que rodea el lote de la esquina. El edificio posee frentes a dos calles perpendiculares y se configura en una volumetría con una esquina cóncava, en lugar de la habitual convexa. Por requerimientos estructurales y de regulación urbana, esta esquina cóncava se conformó con placas de concreto. Dada la importancia del vacío urbano que se genera, no podían ser placas medianeras, sino integradas al conjunto arquitectónico. Por otra parte, la altura de cada sección del lote en L se rige por normativas distintas. La parte posterior del terreno colinda con la casa de Manuel González Prada, declarada patrimonio cultural, y con la cual se estableció una relación compleja y cuidadosa.

Buscamos una solución estructural que colocara la menor cantidad de elementos dentro del edificio para obtener mayor flexibilidad y libertad espacial. Diseñamos una exoestructura para resolver el comportamiento estático y sísmico: una canasta de concreto que constituiría una malla exterior y asumiría también el papel de proteger de la radiación solar.

La solución final que sintetiza la estrategia del proyecto fue construirlo todo en concreto expuesto para fusionar el lenguaje urbano y estructural con la expresión arquitectónica del edificio, que cuidó el tratamiento del zócalo peatonal y el *skyline* urbano.

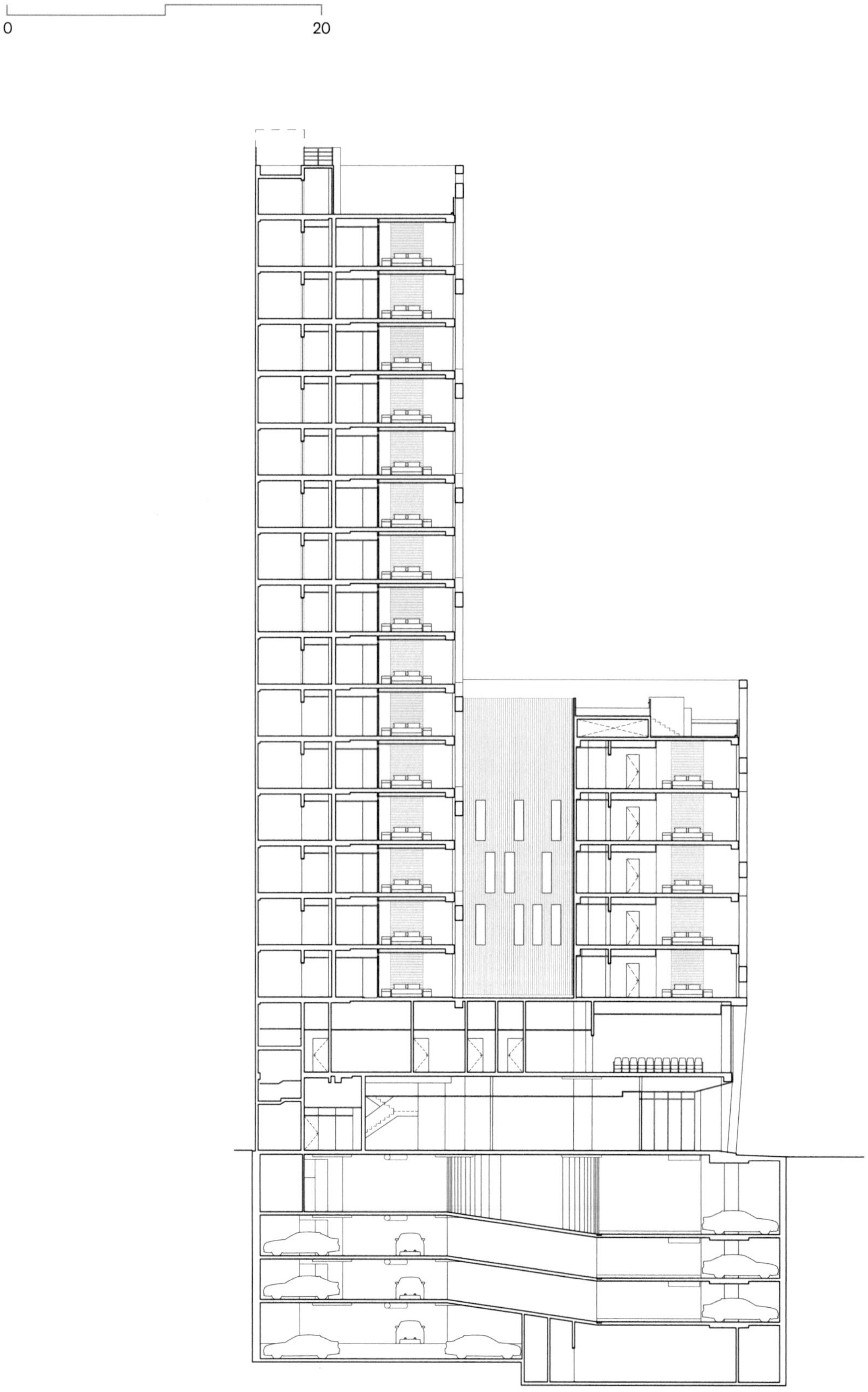
0
20

0
20

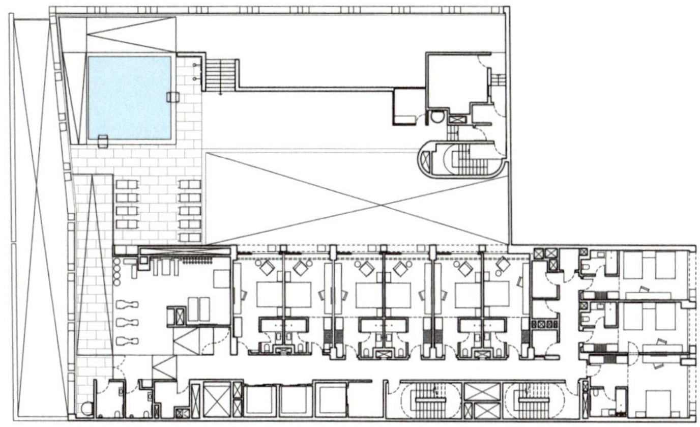

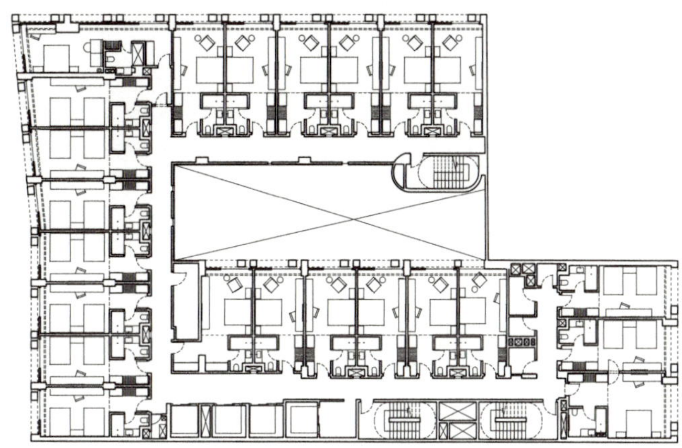

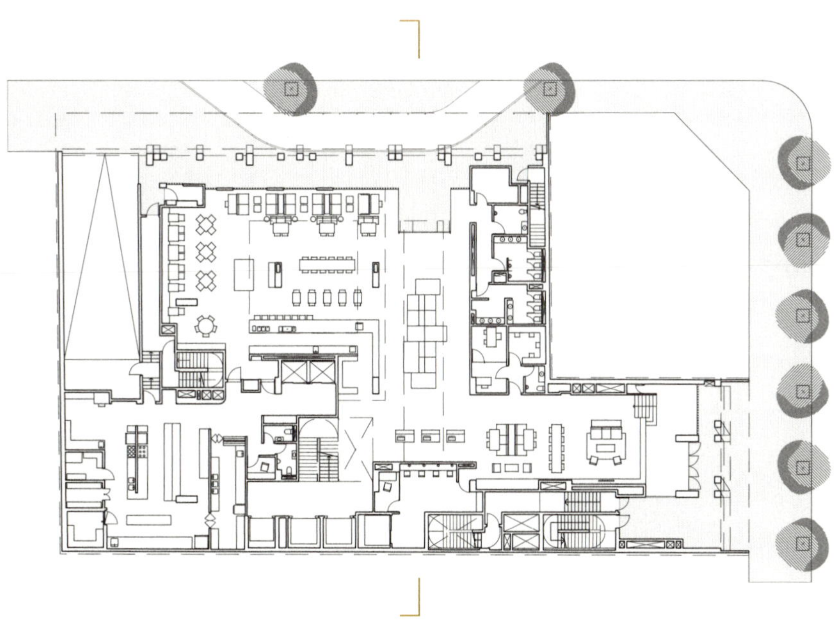

LUZ DEL SUR
80
Serenazgo

Holiday Inn

A

Centro de distribución Backus - Piura

Piura, Perú | 12 396 m² | 2013
5° 08' 56" S, 80° 41' 40" W | 34 msnm / 34 m.a.s.l.
Desértico / Desert
Cliente / Client | Cervecería Backus
Ingenierías / Engineering | Antonio Blanco
Bioclimática / Bioclimatic | Sandra Varón, Jorge Ramírez

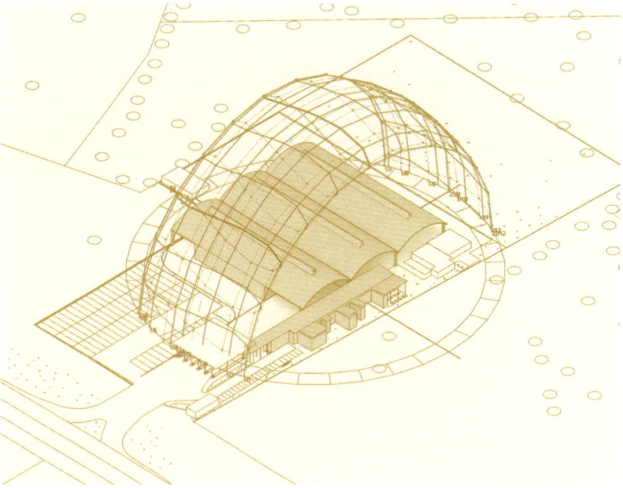

An office and warehouse center built for the brewery company Backus in Peru's northern region, the Backus Distribution Center is defined by its rational construction design, suitability for the local context, and contemporary feel. This industrial development creates a user-friendly experience for staff and visitors alike. Built on the most arid part of the plot, it preserves the largest possible number of algarrobo trees. Following an environmental impact study, three new trees were planted for each one taken down.

The offices employ the following bioclimatic strategies: a ventilated dual roof to prevent external heat gain and to provide efficient cross-ventilation; active and passive evaporative cooling; misting systems installed opposite the south façade to benefit from the prevailing wind; and brise-soleils. Due to budgetary constraints, a shade-based system with thermal insulation and natural ventilation using elevated openings was used for the large warehouse space instead of the initially planned geothermal system. These measures ensure that the building complies with the brand's standards and makes energy savings, earning it a national sustainability award for businesses.

To minimize maintenance costs, most of the project was built with locally made concrete blocks left almost entirely exposed, with only some sections plastered and painted to add touches of color. The structural roofs use simple metal plates for the office spaces, with added insulation for the warehouses. The flooring is made of polished concrete, the toilets are installed with water-saving technologies, and LEDs were used for the lighting. The center has a wastewater treatment plant for the office building and a water treatment plant for the water to wash the company's fleet of trucks.

Se trata de un complejo de oficinas y almacenes para la compañía cervecera Backus en la región norte de Perú. El proyecto se planteó con base en su racionalidad constructiva, la pertinencia local y la contemporaneidad global. La intención de esta construcción para uso industrial es ser sensible a la experiencia humana y satisfacer a los usuarios —personal y visitantes—. Se ocupó la parte del terreno más árida para preservar la zona con mayor cantidad de árboles de algarrobo. Se hizo un estudio de impacto ambiental, para reponer tres árboles por cada uno que fue extraído.

Las estrategias bioclimáticas para las oficinas se componen de: un doble techo ventilado en las oficinas, que evita la ganancia externa de calor y aporta ventilación cruzada eficiente; una refrigeración evaporativa pasiva y activa, con nebulizadores instalados frente a la fachada sur, de donde viene el viento predominante, y la protección solar de los vanos. Para los grandes almacenes se propuso inicialmente un sistema de geotermia de superficie, pero las restricciones presupuestales determinaron un diseño a partir de la sombra, el aislamiento térmico y la ventilación con extracción natural por teatinas. De este modo se cumplen los estándares de la marca y se logra un ahorro energético que fue reconocido con un premio nacional de sostenibilidad empresarial.

La mayor parte del proyecto de construyó con bloqueta de concreto producida en la zona, que se dejó expuesta casi en su totalidad, sólo fue enlucida y pintada en pequeños planos para dar acentos de color, lo que redujo al mínimo el costo de mantenimiento. Los techos son de estructura y plancha metálica simple para las oficinas y aislada para los almacenes. Los pisos son de cemento pulido, los aparatos sanitarios ahorran agua y las luminarias son de LED. El centro cuenta con una planta de tratamiento de aguas residuales para el bloque de oficinas y una planta de tratamiento para el agua de lavado de flota.

0 20

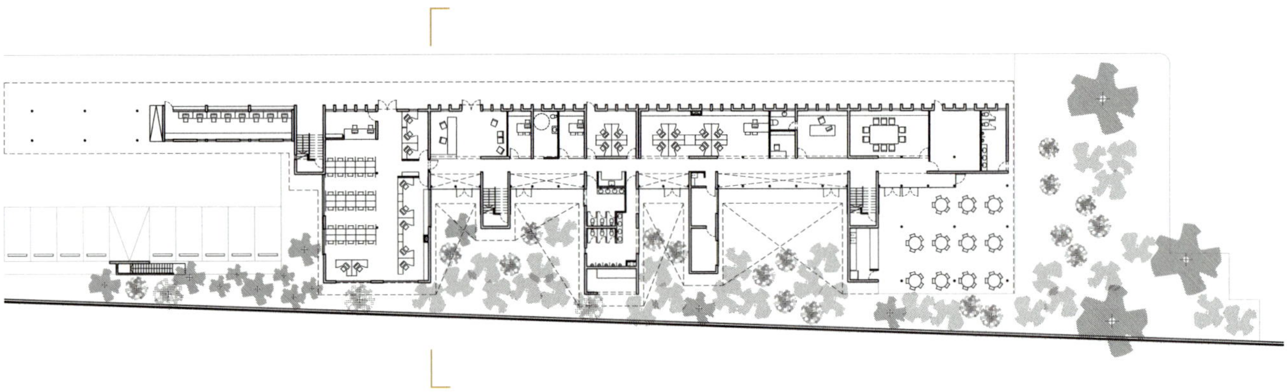

0 40

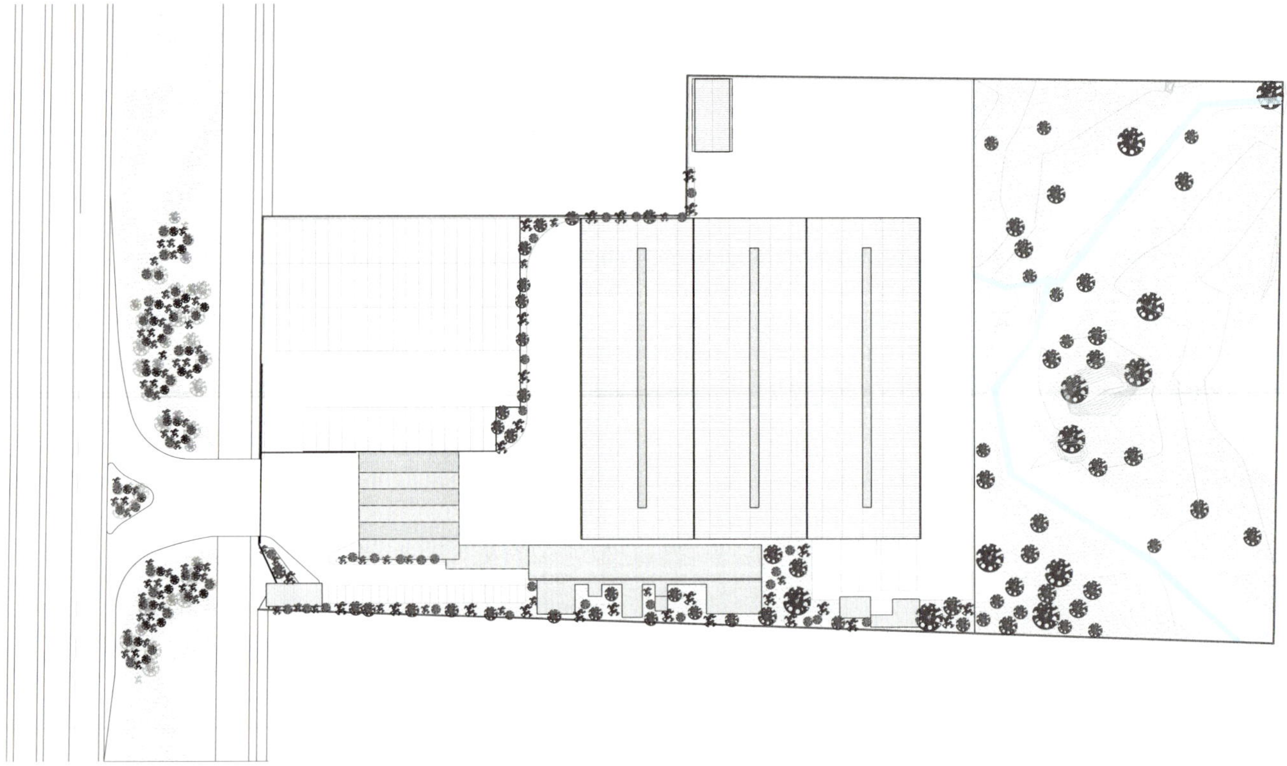

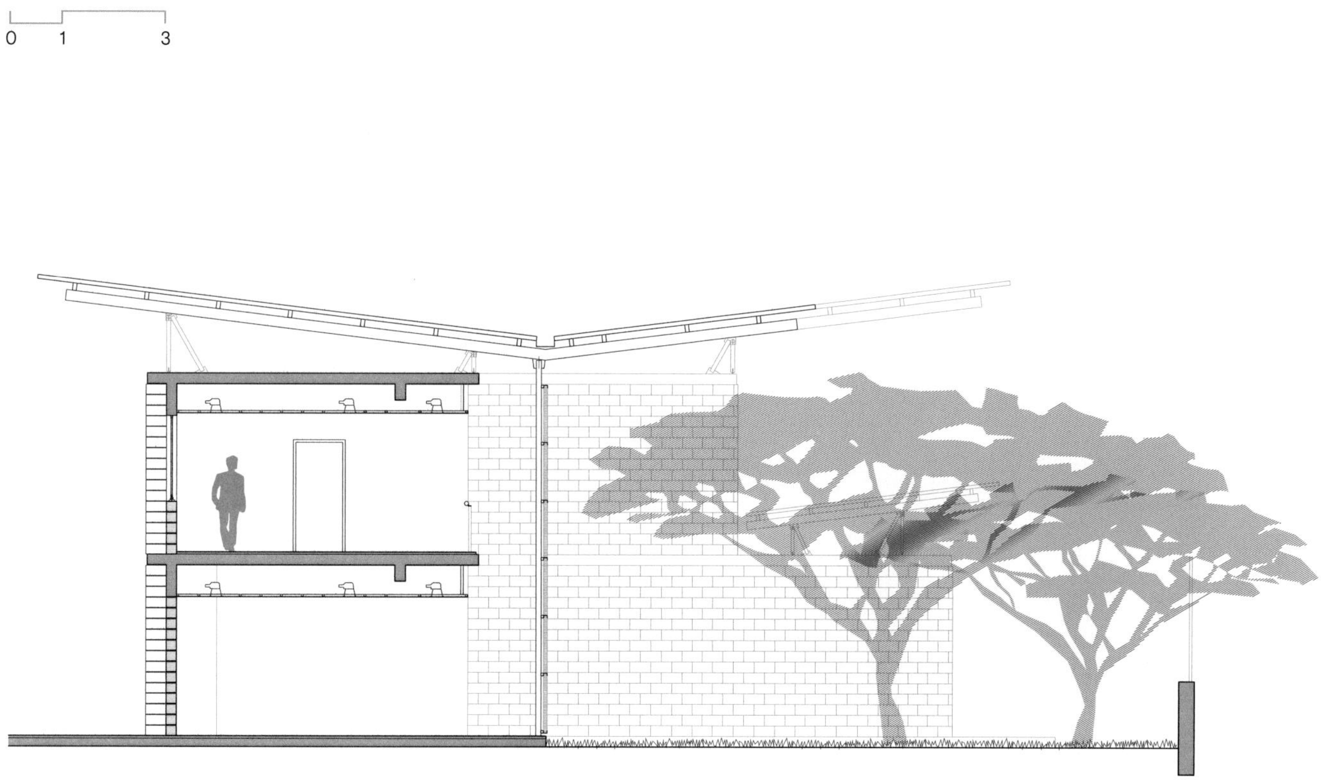
0
1
3

SUSTAINABLE MATERIALS AND LIGHT

LUZ Y MATERIA SOSTENIBLE

Sustainable materials and light

Susel Biondi and René Poggione's architecture has a distinct personality without cloning itself or becoming self-referential; it is based on strong and well-established convictions. Their work adapts because it is ultimately about responsibility and trust in which architecture can and must collaborate to improve our world in terms of sustainability and care for the environment, but also in social and urban terms.

Poggione+Biondi's projects always develop out of a deep awareness of essential and timeless architectural elements: soils, roofs, columns, courtyards, stairs, windows, horizons, distances. This makes their architecture essential, in the sense that they work with light and air as elements shaped by architecture. Their work, particularly single-family residences, uses voids created by the essence of the courtyards and the initiatory and indirect route, leads to the surprise of the welcoming and open interior spaces.

Their insistence on veiled, labyrinthine entrances interrupted by walls and courtyards, inspired by Islamic architecture, invites a comparison to a systole and a diastole that is less vertical and more like a horizontal compressions, along a zig-zagging path. We find the zig-zag in domestic Mediterranean architecture—with its roots in Greek, Roman, and Islamic houses—but also in pre-Hispanic architecture as in Peruvian or Mexican "living-enclosures." The work is built as a possible cultural synthesis that assumes its multiple belongings and strands of cultural heritage.

Whenever possible, each project has a clear conception of architecture as a platform, which also echoes pre-Hispanic architecture found both in Peru and in Mexico, and in Jørn Utzon's work, an explicit contemporary inspiration of this same pre-Hispanic architecture of stepped platforms.

As an outstanding example of a social housing development, the precisely crafted Piura Building (2004–2005) combines effective spaces, structural clarity, beautiful lines, and an efficient use of resources.

A magnificent demonstration of this love and care for materials can be found in Susel and René's country retreat in Santa Eulalia (2009), thanks to its form and simplicity and palette of materials, with stone walls that are new but continue the positioning and height of other pre-existing stone walls on the surrounding land. This work is reminiscent of Upper Lawn, the house designed and built by Alison and Peter Smithson as a place to spend weekends with their three children: the wooden body atop a stone wall. A home that is landscape, not just for its openness but for its rich and diverse material quality, in particular because it is positioned to respect and glorify nature. The house is built alongside pre-existing trees and pays homage to the stream flowing at its feet.

Luz y materia sostenible

La arquitectura de Susel Biondi y René Poggione tiene personalidad sin ser clónica ni autorreferencial, se fundamenta en convicciones fuertes y asentadas. Su obra se adapta porque tiene en su base la responsabilidad y la confianza en que la arquitectura puede, y debe, colaborar para mejorar nuestro mundo en términos de sostenibilidad y cuidado del medio ambiente, pero también en términos sociales y urbanos.

Los proyectos de Poggione+Biondi parten siempre de una profunda conciencia de los elementos arquitectónicos básicos e intemporales: el suelo, el techo, la columna, el patio, la escalera, la ventana, el horizonte y la distancia. Por eso su arquitectura es esencial, en el sentido de que trabajan con la luz y el aire como elementos que la arquitectura configura. Su obra, en especial las casas unifamiliares, por medio de vacíos conformados por la esencia del patio y el recorrido iniciático e indirecto, conduce a la sorpresa de los espacios interiores que acogen y se abren.

Por su insistencia en las entradas veladas, laberínticas, con quiebres a base de muros y patios, de inspiración árabe, podemos hablar de una sístole y una diástole no tanto en vertical sino en compresión horizontal, en un recorrido zigzagueante. Encontramos el zigzag en la arquitectura doméstica mediterránea —con raíces en las casas griegas, romanas y árabes—, pero también en la arquitectura prehispánica, como en las estancias-recintos en Perú o México. La obra se construye como una posible síntesis cultural que asume sus múltiples pertenencias y herencias culturales.

Siempre que es posible, en cada proyecto hay una clara concepción de la arquitectura como plataforma, que también nos remite a la arquitectura prehispánica, tanto de Perú como de México, y a la obra de Jørn Utzon, una inspiración contemporánea explícita de esta misma arquitectura prehispánica de plataformas escalonadas.

Como vivienda colectiva de interés social destaca la precisa torre del edificio Piura (2004-2005), que reúne la eficacia de los espacios, la claridad de la estructura, la belleza lineal y el ahorro de medios.

Un ejemplo magnífico de este amor y cuidado por los materiales es la casa de Susel y René en Santa Eulalia (2009), por su forma, simplicidad y materiales, con muros de piedra que son nuevos, pero que continúan el posicionamiento y altura de otros muros de piedra que perduran en el entorno. La obra nos recuerda a Upper Lawn, la casa que Alison y Peter Smithson proyectaron y construyeron para pasar los fines de semana con sus tres hijos: el cuerpo añadido de madera sobre el muro de piedra. Una casa que es paisaje, no sólo por su apertura, sino por su materialidad rica y diversa, en particular porque se coloca para respetar y agrandar la naturaleza. La casa aparece junto a los árboles que ya estaban allí y rinde homenaje al agua que corre a sus pies por la acequia.

The Volvo headquarters (2011) posed the challenge of creating a powerfully corporate building. To achieve this required placing emphasis on the contrast between transparency, translucency, and opacity; and with a functionality informed by clearly defined architectural elements, such as columns and spiral staircases. Furthermore, all of this expressed a long tradition of modern industrial architecture in Sweden.

Finally, the Westfield House (2012) country retreat is a prime development of one of the most predominant typologies: the horizontal house. Each aspect of this project—its sensuality, technicality, and material precision, sustainability, lightness, and transparency—are intertwined with the Central European and North American tradition of Mies van der Rohe, Lilly Reich, Rudolph Schindler, and Richard Neutra.

Está también la sede de Volvo (2011), el reto de realizar un edificio contundentemente corporativo. Ello se consigue con el énfasis en el contraste de trasparencia y opacidad con una funcionalidad pautada por elementos arquitectónicos muy claros, como las columnas y la escalera de caracol. Todo ello expresa la larga tradición de la arquitectura industrial moderna en Suecia.

Por último, la casa Campo Oeste (2012) es un brillante desarrollo de uno de los tipos predominantes: la casa horizontal. Todas las cualidades de su obra —sensualidad, precisión técnica y material, sostenibilidad, ligereza y transparencia—, se entretejen con la tradición centroeuropea y norteamericana de Mies van der Rohe, Lilly Reich, Rudolph Schindler y Richard Neutra.

Your constructions—residences, hotels, and so on—always have impeccable finishes. To what extent do you anticipate and accept users' participation in changes along the way, and how does the passing of time affect your work?

René Poggione We don't think that our finishes are immaculate in the sense of industrialized perfection, although in fact we do take advantage of industrial processes wherever we can. I'd like to think we're careful about our finishes rather than perfectionists. We even believe that some blemishes—in the concrete, timber, steel—can improve projects, making them more human, phenomenological, poetical, a certain declination of perfection when paired with the earth and sky.

In Peru, we have wonderfully skilled artisans, builders, and painters who are highly knowledgeable about how to make things possible. The quality of that manual labor also influences the finished aspect of our constructions.

We try to choose, and give priority to, materials from Peru—certified timber, Peruvian cement tiles, granite, sillar stone—for example, despite the aesthetic appeal of red brick, as found in Colombia or Argentina, we try to avoid using it as a building material, given that its production severely damages the precious agricultural land in Peru's fragile coastal valleys.

Susel Biondi We don't always choose the same materials because the finishes and materials in general for each project and each location seek to avoid a negative effect on the local community and immediate surroundings; instead, we hope to make a positive impact.

RP Perhaps this mix or fusion of materials used in our work stems from the same origins of the now-famous Peruvian cuisine, made from many ingredients by many hands and cultures.

In terms of users, everything depends on the scale: for large projects, such as a hotel or a hospital, we take the view that the real user is the city, so we pay close attention to two relations that are essential though sadly absent in "starchitecture": one, the relationship with the land, from the path up to that height of three or six meters which forms the pedestrian part of the city, as we believe this is crucial for the city's environmental and social conditions; two, the relationship with the sky, through the skyline, which defines a city's image on a large scale.

On a small scale, the home par excellence, we began to interact with the future inhabitants. Clients don't look us up for a certain style of

Vuestra obra —viviendas, hoteles, etc.— tiene siempre acabados muy perfectos. ¿En qué medida prevéis y aceptáis la participación de los usuarios en los cambios que van introduciendo y los efectos del paso del tiempo en vuestra obra?

René Poggione No pensamos que nuestros acabados sean muy perfectos si entendemos la perfección como la idea de una producción industrializada, aunque de hecho usamos todo lo que podemos usar en términos de aportes de la industria. Creo que nos gusta pensar más en acabados cuidados que perfectos. Incluso creemos que cierta imperfección —del concreto, la madera, el acero— los mejora, los acercan más a lo humano, a lo fenomenológico, a lo poético, una cierta declinación de lo perfecto cuando se marida con el suelo y con el cielo.

En el Perú contamos con manos maravillosas de artesanos, albañiles, pintores, que saben mucho de cómo hacer las cosas posibles. La calidad de ese trabajo manual también influye en las calidades de nuestra obra.

Tratamos de elegir, de manera prioritaria, materiales de origen peruano —maderas certificadas, baldosas de cementos nacionales, granito, sillar—, por ejemplo, a pesar del gusto por el ladrillo rojo, como el colombiano o el argentino, tratamos de excluirlo de nuestra paleta de materiales, ya que se produce en los frágiles valles de la costa peruana y tiene un impacto terrible sobre el pequeño suelo de producción agrícola.

Susel Biondi No elegimos siempre los mismos materiales porque buscamos que las decisiones que tomamos en cuanto a acabados y materiales en general, en cada proyecto y cada lugar, no tengan impactos negativos, y ojalá sean positivos en sus comunidades y entorno inmediato.

RP Quizá esta mezcla o fusión de materiales que conforman nuestras obras provenga de la misma raíz de la ya famosa comida peruana, hecha a base de muchos ingredientes, muchas manos y muchas culturas.

En cuanto a los usuarios, todo depende de la escala del proyecto: si es una obra grande, como un hotel o un hospital, nos planteamos que el verdadero usuario es la ciudad, por lo que cuidamos mucho dos relaciones que nos resultan imprescindibles —lamentablemente, ausentes en buena parte de la arquitectura del *star system*—: la relación con el suelo, desde la vereda hasta esos tres o seis metros de altura que conforman la ciudad peatonal, creemos que gran parte de la calidad ambiental y de convivencia de una ciudad depende de ello; y la relación con el cielo, en cuanto al *skyline*, que define la imagen de gran escala de una ciudad.

house, but rather for how we build, because our projects are never the same, and they couldn't be, because they're based on these relations between people, the landscape, the city, the climate, the light, the soil, the local culture. We start out with a really beautiful questionnaire that Susel created, which asks each client, for example, about their childhood home and their memories of it, the things they remember fondly, its smells. In this way we can gradually build up a constellation of aspects that connect us to other people, which is the essence of producing architecture.

SB We enjoy the participation of users or clients insofar as they help us develop our ideas. Sometimes we have trouble with regrettable interventions that some people decide to make unilaterally after we've completed our work. But in the case of participation during the process, the ideas normally make a positive impact on the project and generally help it mature.

RP It depends on what kind of changes we are talking about. Sometimes we can handle with them very well, at other times very badly, such as those cases when they undermine the project's essential aspects. Sometimes that happens with a change of colors on the façade, for example in the case of the Piura Building or Cuartelillo, which made us sad. Architecture is very fragile.

Could if be that you're seeing this fragility as parents who consider their children aren't ready to change, and become themselves? Whereas from someone else's perspective the strength of the project and its architects shines through, as well as the imprint and personality of the building or "child" altered by the client-user, in other words, in response to shifting circumstances.

RP We happily live with the changes that occur almost naturally through daily use and the passing of time, complementing life and making it richer. Because in essence our work is about reacting to events, which is what life is about too. We believe that architecture cannot exclude happenstance and it must also be able to withstand everyday occurrences, without obstructing them. As in the case of House in the Water, which evolved over time and became complete with the gardens and its use.

In terms of the inevitable passing of time, I think that architecture is like wine: if it's good, it ages well; if not, it becomes disposable.

We believe that, despite the highly unsustainable disposable culture around us, our duty is to make works that will age well, becoming more dignified, adapting to new uses, and when the time comes, forming part of a second nature.

SB I think our designs do take the passing of time into consideration, by our focus on details with the hope that the building will age well. We believe that the more essential the materials, the better the building will age. We do not want it to remain identical but to mature, growing old with dignity.

En la escala pequeña, la casa por excelencia, comenzamos a trabajar con los futuros habitantes de un modo muy interactivo. No nos buscan por un estilo de casa, sino por el modo en que las hacemos, ya que nuestras obras no son nunca iguales, y no podrían serlo, porque se basan en estas relaciones entre las personas, el paisaje, la ciudad, el clima, la luz, el suelo, la cultura del lugar. Partimos de un cuestionario muy lindo que elaboró Susel, que le plantea preguntas a cada uno, por ejemplo, cuál es la casa de su infancia, cuáles son sus recuerdos, sus afectos, sus aromas. Así, lentamente, vamos construyendo un universo de temas que nos conectan con los otros, que es la base fundamental de hacer arquitectura.

SB Nos gusta mucho la participación de los usuarios o clientes en la medida en que ayuden a la evolución de la propuesta. A veces sufrimos mucho con intervenciones que las desmejoran, que suelen ser posteriores y sin consulta. Cuando se trata de la participación a lo largo del proceso —de diseño, de construcción, incluso de vida del edificio—, normalmente son ideas que suman, las incorporamos al proyecto y en general lo ayudan a madurar en el tiempo.

RP Los cambios, depende de qué cambios. Con algunos nos llevamos muy bien y con otros muy mal, como cuando destruyen la esencia del proyecto. A veces eso sucede con un cambio de colores de la fachada, por ejemplo, el edificio Piura o el Cuartelillo, que nos ha dolido. La arquitectura es muy frágil.

¿No consideráis que veis esta fragilidad como padres que piensan que sus hijos no están preparados para el cambio, para ser ellos? Y cuando una persona ajena lo ve, encuentra la fortaleza del proyecto y sus autores, a la vez que la impronta y personalidad del edificio o hijo modificada por el cliente-usuario, o sea, las circunstancias de la vida.

RP Nos llevamos muy bien con los cambios que se producen de modo casi natural por el uso cotidiano y el desgaste del tiempo, que complementan y enriquecen la vida. Porque en la esencia de lo que hacemos está lo casual, eso que sucede con la vida misma. Creemos que la arquitectura no puede excluir lo casual y a la vez debe ser capaz de resistir con entereza los sucesos de lo cotidiano, sin impedirlos. Como la Casa en el Agua, que fue madurando y completándose con los jardines y el uso.

En cuanto al paso del tiempo, inevitable, creo que a la arquitectura le pasa como al vino: si es buena, le va bien; si no, la convierte en desechable.

Creemos que, a pesar de la cultura del desecho, tan insostenible, es nuestra responsabilidad que nuestras obras envejezcan bien, haciéndose más nobles, transformando sus usos, y llegado el momento, convertirse en una segunda naturaleza.

SB Considero que sí diseñamos pensando en el tiempo, cuidando detalles para que ojalá el edificio envejezca bien. Creemos que mientras más esencial es la materialidad, mejor se va a comportar en el tiempo. No pretendemos que se mantenga idéntico, sino al contrario, que vaya madurando, envejeciendo con dignidad.

How do you design with aging in mind?

RP I think that there is a reasonable period for buildings' durability. Perhaps a building's infrastructure should last longest, allowing it to be used in ways that are different to those initially envisaged, providing the flexibility needed for its reuse and recyclability. That's what we aim for. We're completely against making disposable buildings—the ones that fall apart quickly.

¿Cómo se diseña pensando en el tiempo?

RP Pienso que hay un tiempo razonable en la durabilidad de los edificios. Quizá lo que más debe durar es la infraestructura del edificio, permitirle ser usado de otros modos a los pensados inicialmente, que pueda tener la flexibilidad necesaria para el reuso y pensar en cómo reciclarse. A eso deberíamos llegar. Lo que no nos gusta nada es hacer edificios chatarra. Esos cuya ruina es rápida y degradante.

Casa en Santa Eulalia

Santa Eulalia, Huarochirí, Perú | 180 m² | 2009
11º 53' 06" S, 76º 38' 55" W | 1135 msnm / 1 135 m.a.s.l.
Continental templado / Continental weather
Cliente / Client | Familia Poggione Biondi / Poggione Biondi Family
Constructor / Construction | Daniel Benavides, Johnny Aquino

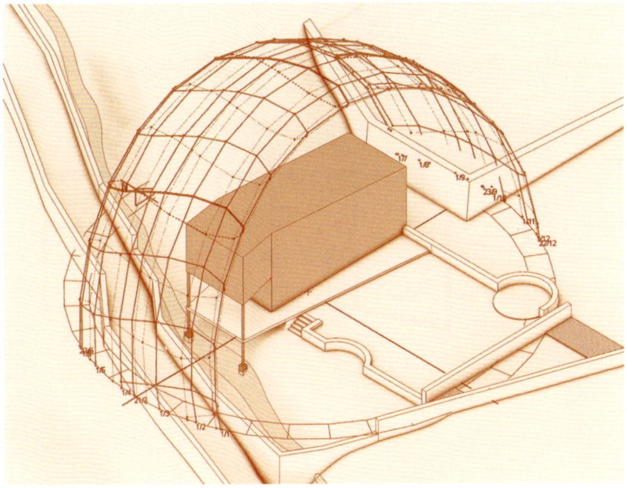

The pre-existing landscape defines this project on a small plot of land in Lima's hills, in Santa Eulalia valley. The terrain slopes down toward an irrigation canal which becomes a stream that meanders through the garden and underneath the house positioned amid that minimizes its footprint in order to preserve the pre-existing trees.

The stone used for the public, ground-floor area is built using the traditional dry-stone *pirca* technique to blend into the landscape and the heights of some nearby stone platforms. The rectangular plan has its longest sides to the north and south. A roofed terrace to the west floats over the stream. The private, first-floor space is purely made of wood and echoes the outline of the mountains all around the narrow valley. This area covers the entire ground floor, sheltering the terrace below from the sun, and supported by piles anchored in the stream bed.

The mass of stone on the ground floor absorbs the heat from the sun during the day, radiating it out during the night. Insulation is used for the first-floor walls and roof. Wooden shutters prevent solar heat gain during the day and heat loss at night. The windows and sliding glass doors on the south and north façades provide effective cross-ventilation.

A swimming pool was built in front of the fruit tree courtyard, with a grill and artisanal clay oven beside the stream. A garden and play area occupy the rest of the plot.

Solar panels heat the water for the house and swimming pool. Local granite is used for the stonework and the certified, sustainable timber is preserved solely using linseed oil. Two biofilters treat the wastewater before it enters the ground to irrigate the roots of the largest trees. A local workforce built the house, recovering traditional building techniques.

This is our house, where our children grew up.

El proyecto se configura a partir del paisaje preexistente: un pequeño terreno en la sierra de Lima, en el valle de Santa Eulalia, con una pendiente que desciende hacia el canal de riego de la zona, que se convierte en un riachuelo que recorre el jardín y pasa debajo de la casa, que se inserta entre los árboles sin tener que botar ninguno y reduce su huella al mínimo.

El primer nivel de la casa, el social, está construido en piedra, a la manera de las pircas tradicionales, para integrarse al paisaje y las alturas de unos andenes de piedra cercanos. La planta es rectangular, sus lados más largos son el norte y el sur. En el extremo oeste se despliega una terraza techada que pasa sobre el riachuelo. El segundo nivel, el privado, es de estructura y cerramientos en madera y dialoga con el perfil de las montañas que cierran el estrecho valle serrano. Se asienta sobre todo el primer piso y vuela sobre la terraza para protegerla del sol, apoyado en las columnas que caen sobre el cuerpo de agua.

La masa de piedra del primer piso acumula el calor de la radiación solar y lo transmite al interior durante la noche. Las paredes del segundo piso y el techo están aislados, las contraventanas de madera evitan la ganancia de calor durante el día y su pérdida en las horas nocturnas. Las ventanas y mamparas en las fachadas sur y norte aseguran una ventilación cruzada efectiva.

Se construyó una piscina frente al patio de los árboles frutales, y una parrilla y un horno de barro artesanal al lado del riachuelo. El resto del terreno es jardín y zona de juegos.

La casa cuenta con colectores solares térmicos para calentar el agua tanto de la casa como de la piscina. La piedra utilizada es granito de la zona. La madera es producida de manera sostenible y certificada, tratada sólo con aceite de linaza como preservante. Las aguas residuales se tratan *in situ* mediante dos biofiltros y luego se infiltran en el suelo para regar las raíces de los árboles principales. La casa se construyó con mano de obra local, revalorando tradiciones constructivas ancestrales.

Esta es nuestra casa, la de la infancia de nuestros hijos.

0
10

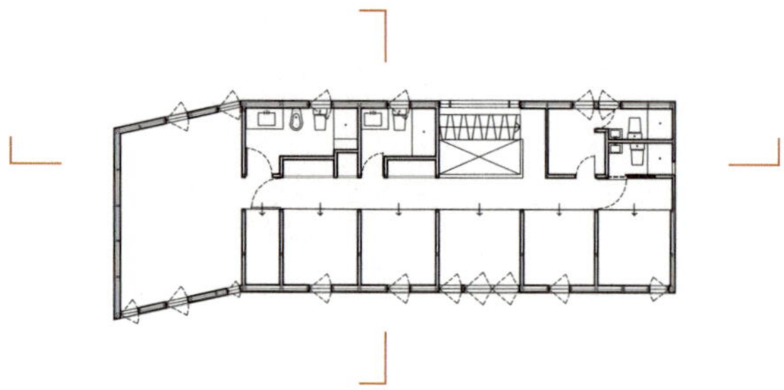

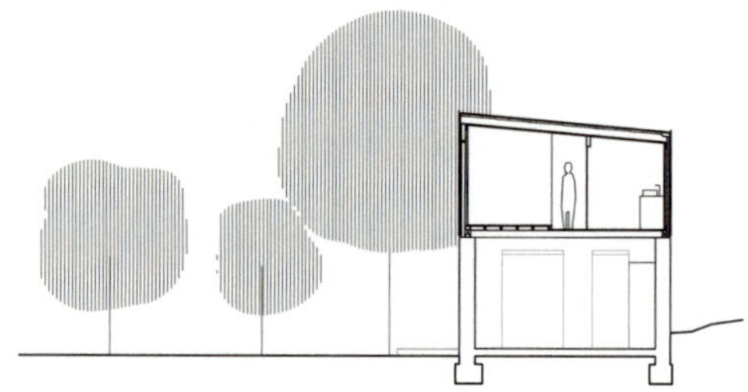

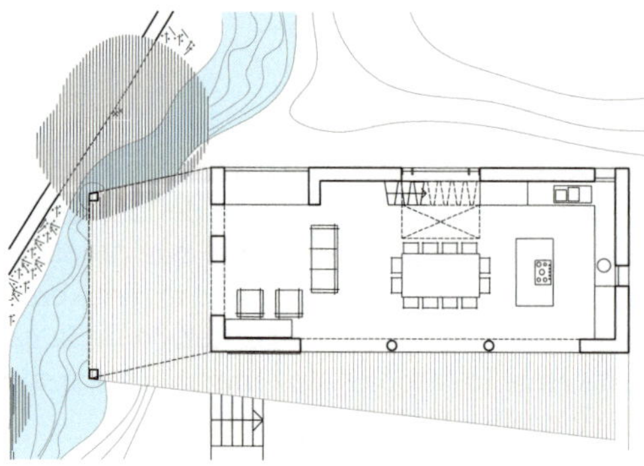

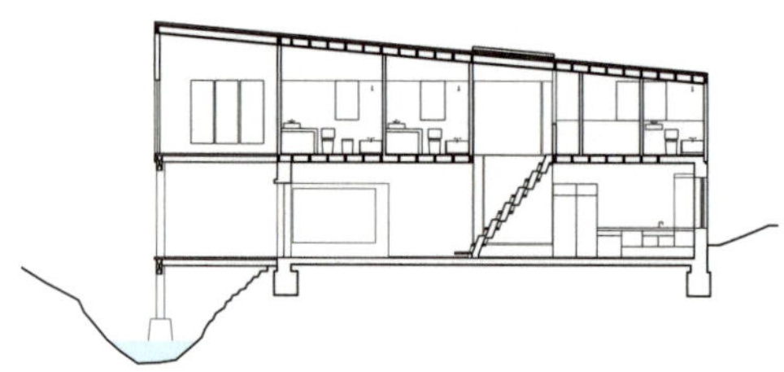

Casa Campo Oeste

Cieneguilla, Lima, Perú | 339 m² | 2012
12° 08' 21" S, 76° 49' 44" W | 225 msnm / 225 m.a.s.l.
Litoral subtropical / Sub-tropical coast
Cliente / Client | Juan Luis Yrivarren, Isabel Yrivarren
Ingenierías / Engineering | Izquierdo Casafranca
Constructor / Construction | Juan Díaz

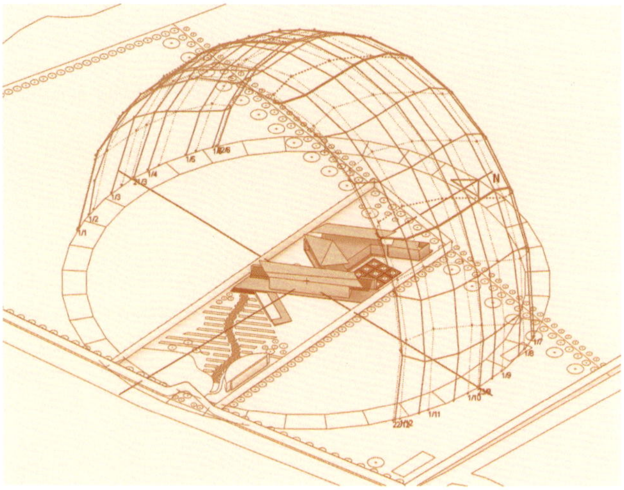

The plot's landscaping and the house's shape respect the orientation of the original furrows, preserving local history. A lightweight, permeable wooden lattice fence snakes through the trees to create a softer, friendlier border. The house can be partially seen from the distance of the entrance gate when opened; the home gradually reveals itself amid layers of vegetation upon the approach along the path running between the flower beds.

The house sits on the plot like a series of marks on the pre-existing furrows, and its structure is developed using similar sections in various parts of the house: one wood-and-glass lateral façade employs a system of sliding partitions to offer views over the nearby garden landscape, while another has a low, massive tapial-type wall that provides a backdrop for the house's different spaces and furniture. Metal columns emerge from this wall to support a butterfly roof, opening up views onto the distant hills and tree canopies.

The same structure forms the house's three volumes. The first is a single, social space for the living-dining room and kitchen, flanked by terraces covered by a wooden pergola. The second is the master bedroom, articulated at a 60-degree angle with the first to create a Japanese garden between both, as a private view of this green space and to commemorate the childhood that the house's owner spent in the Far East. The third volume contains the other bedrooms, also oriented at a 60-degree angle, with views onto the rear yard and vegetable garden. The thick walls of the bedroom volumes define a triangular family space that opens up onto a patio planted with bitter orange trees.

The walls' orientation mean that they absorb the sunlight and provide a thermal mass that regulates the temperate around the house. The side partitions are made of a wooden lattice that can be opened or closed depending on whether direct sunlight or shade is required, and the windows can be opened for ventilation.

El paisaje del terreno y la forma de la casa conservan la orientación de los surcos originales para mantener la memoria del lugar. Se diseñó un cerco de celosía de madera, permeable y ligero, que serpentea entre los árboles para hacer un borde menos duro y más amable. Al abrirse, el portón de ingreso deja ver la casa parcialmente y a lo lejos, entre las capas de vegetación, para descubrirla poco a poco en el recorrido entre los surcos de flores.

La casa se posa sobre el terreno como una serie de trazos sobre las líneas de cultivo preexistentes. Se desarrolla como un sistema estructural de sección similar: una fachada lateral de madera y vidrio funciona con un sistema de mamparas corredizas con vistas al paisaje cercano de los jardines, y otra con un muro masivo y bajo, tipo tapial, que sirve de fondo a los ambientes y muebles de la casa. Sobre éste se erigen unas columnas metálicas que dan soporte al techo a dos aguas invertidas, que abre la visual al paisaje lejano de los cerros y las copas de los árboles.

La misma estructura construye los tres volúmenes que conforman la casa. El primero es social: un solo espacio de sala, comedor y cocina, flanqueado por terrazas bajo pérgolas de madera. El segundo es el dormitorio principal, articulado en ángulo de 60° con el primero para conformar un jardín japonés entre ambos, como vista privada de este ambiente y conmemorar la infancia del dueño de la casa en ese país. El tercer volumen son los dormitorios secundarios y de servicio, también en ángulo de 60°, con vista hacia el jardín posterior y la huerta. Los muros masivos de los volúmenes de dormitorios delimitan un espacio triangular como estar familiar, abierto hacia un patio de naranjos amargos.

Por su orientación, los muros reciben la radiación solar y actúan como masa térmica que atempera las inmediaciones de la casa. Los lados de mamparas permiten abrir o cerrar sólo la celosía de madera cuando se quiere ganancia solar directa o sombra, y abrir los vidrios cuando es necesario ventilar.

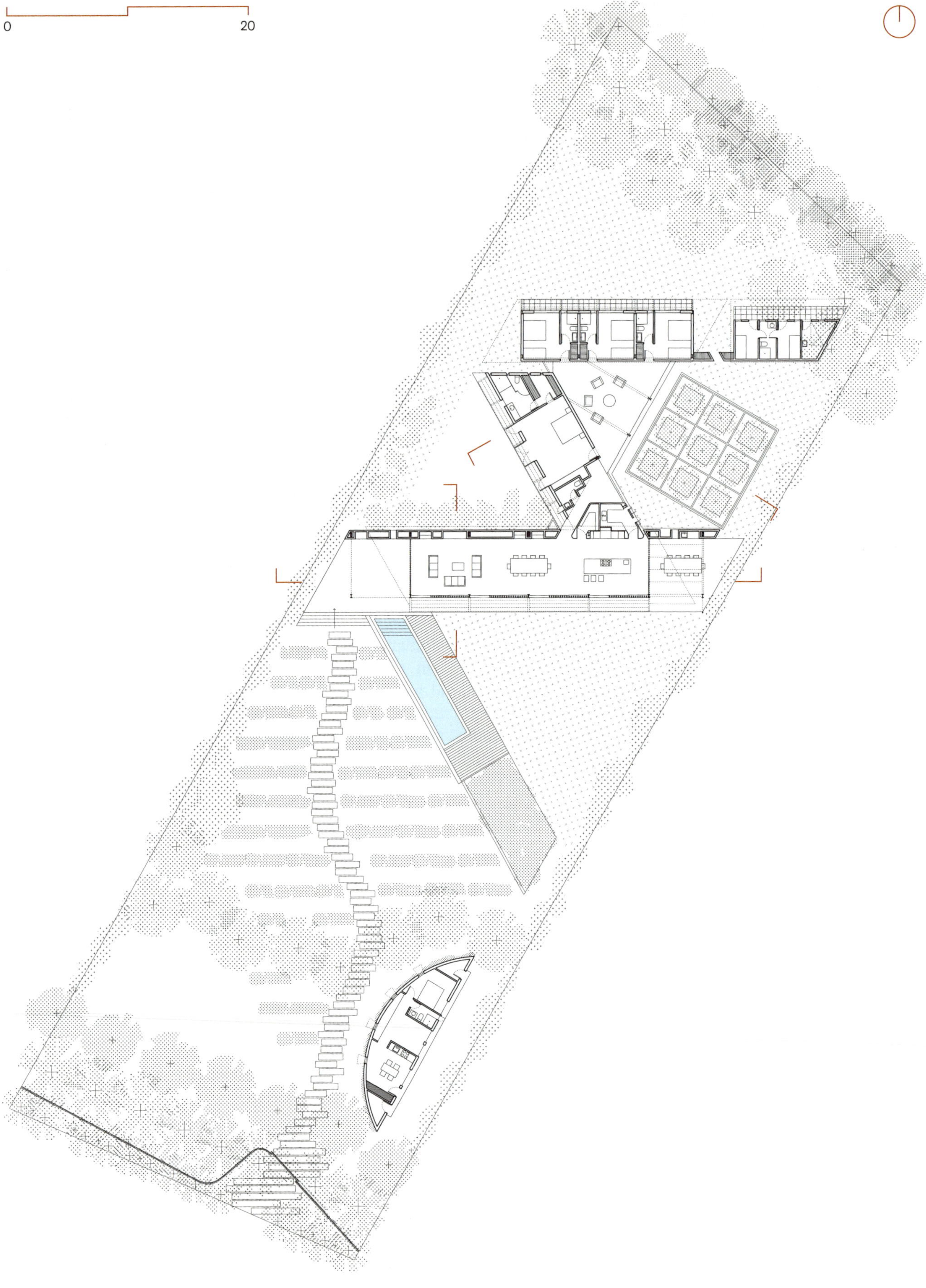
0
20

0
10

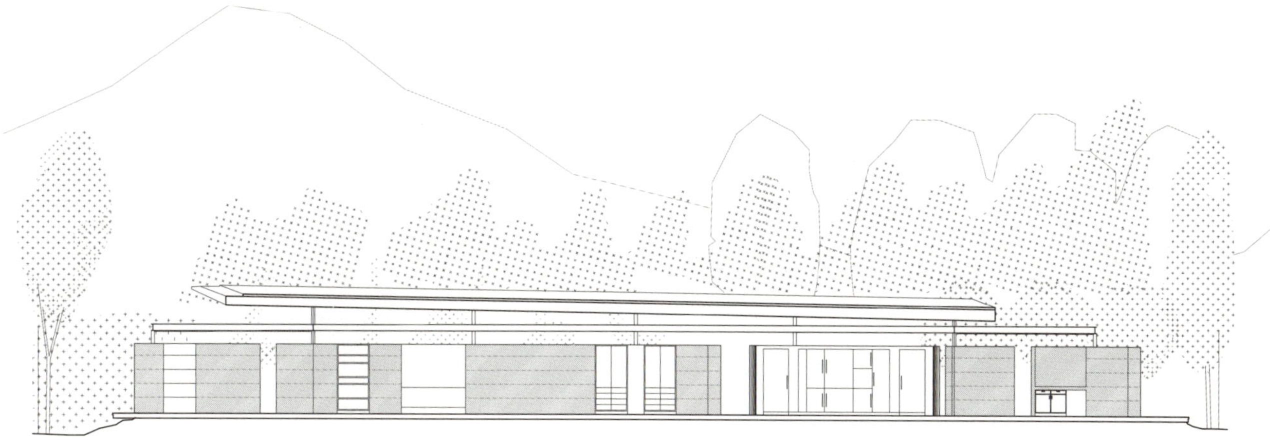

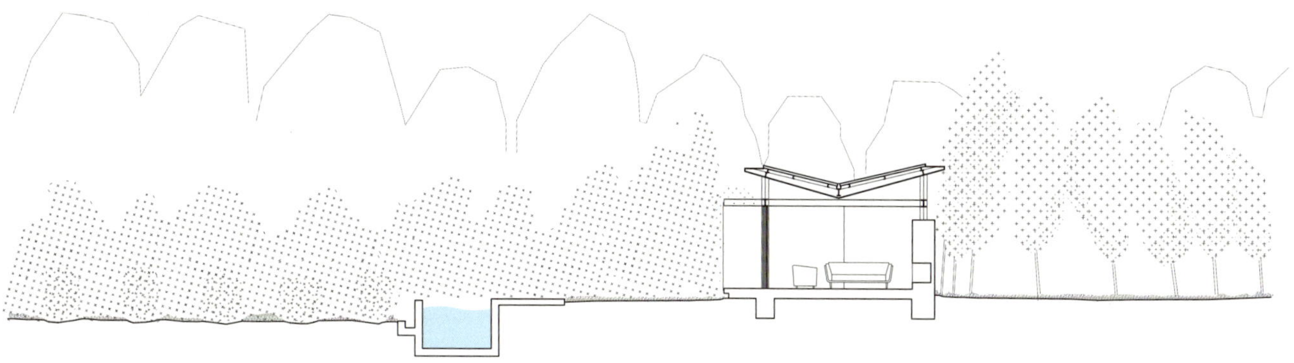

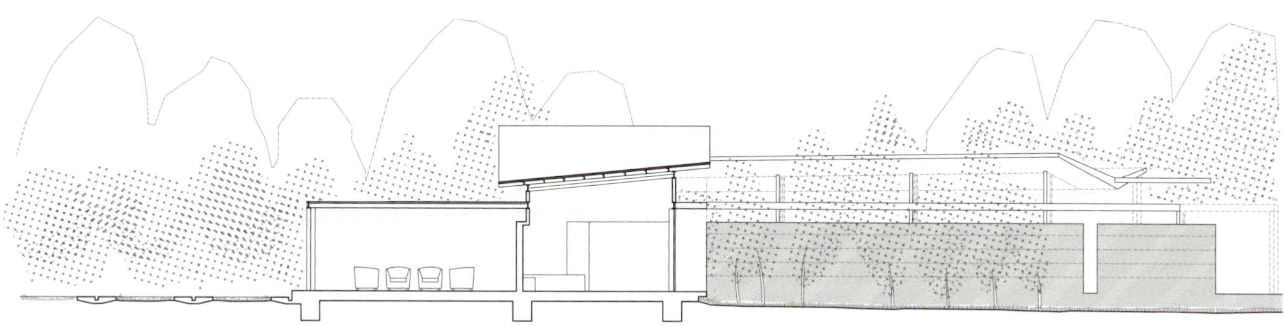

Oficinas y talleres Volvo Perú

Lurín, Lima, Perú | 11725 m² | 2011
12º 14' 46" S, 76º 56' 19" W | 3 msnm / 3 m.a.s.l.
Litoral subtropical / Sub-tropical coast
Cliente / Client | Volvo
Ingenierías / Engineering | Izquierdo Casafranca
Constructor / Construction | INCOT

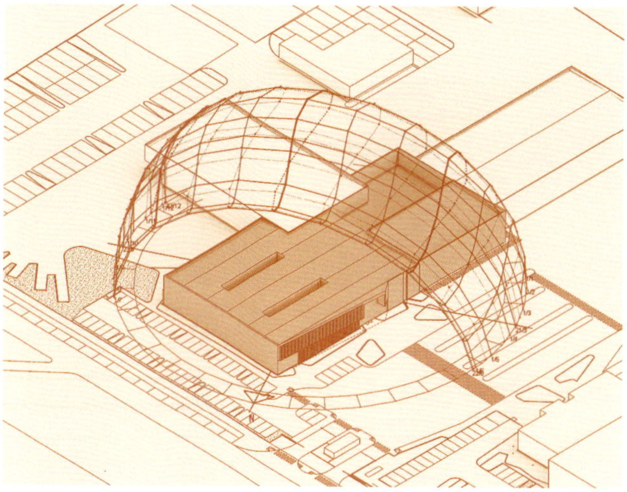

The design respects the corporate image as precisely defined by the truck manufacturer's central offices in Sweden. Volvo Peru's new, user-friendly headquarters is sensitive to the human experience. In its desert setting, the project includes an office building, customer service center, and several mechanical and training workshops for staff.

The buildings' envelope prevent interior heat gain while ensuring ample natural lighting. The buildings' skin orientations inform their designs and how they receive and provide shelter from the sun. By using different grades of transparency and opacity, each zone has various levels of visibility from the inside out, of the ingress of natural light and regulation of solar radiation. Plants and paving around the building enhance the skin's performance and regulate the interior temperature.

Green roofs were considered at one stage of the project, but eventually it was decided to make them lightweight and insulated. Minimizing the weight on a soil with a low load-bearing capacity maximized structural efficiency. As a landscaping project in the coastal desert, the focus was placed on plants at the ground level using drip irrigation supplied from an on-site wastewater treatment plant. Seawater, desalinized locally, provides all of the water for the center to lessen water stress on the Lurín valley.

Courtyards, clerestories, and elevated openings on the various volumes provide natural ventilation and lighting, and generate spatial sensations of light, amplitude, and a connection with the sky from the heart of each building.

La propuesta se apega a un estricto concepto de imagen corporativa dictado por la oficina central en Suecia. La nueva sede de Volvo Perú tiene la intención de ser sensible a la experiencia humana y satisfacer a los usuarios. Consiste en un edificio de oficinas y atención al cliente, y múltiples talleres mecánicos y de capacitación del personal, rodeados por áreas exteriores de paisaje desértico.

La envolvente de los edificios emplea materiales que evitan la ganancia solar en el interior a la vez que consiguen una buena iluminación natural. Cada fachada responde a su orientación y al modo en que recibe y se protege del sol. Con variantes de transparencia y opacidad, cada zona tiene diferentes grados de visibilidad de adentro hacia afuera, de ingreso de luz natural y de control de radiación solar. A la vez, se proponen superficies vegetales y pavimentos alrededor de los edificios para ayudar al desempeño de la envolvente y el balance térmico interior.

En un momento se consideró la opción de hacer los techos verdes, pero terminaron siendo ligeros y aislados. De este modo, se logró una buena eficiencia estructural por menor carga sobre un terreno de baja capacidad portante. Con un proyecto paisajístico propio del desierto costero, se concentró la vegetación a nivel del suelo, con un riego por goteo que se abastece de la planta de tratamiento de aguas residuales de la sede. Toda el agua que usa el centro proviene del mar, es desalinizada localmente para no agudizar el estrés hídrico del valle de Lurín.

Patios, claraboyas y farolas aparecen en los diferentes volúmenes para aportar iluminación y ventilación natural, y generar sensaciones espaciales de luz, amplitud y conexión con el cielo desde el corazón de cada edificio.

0 40

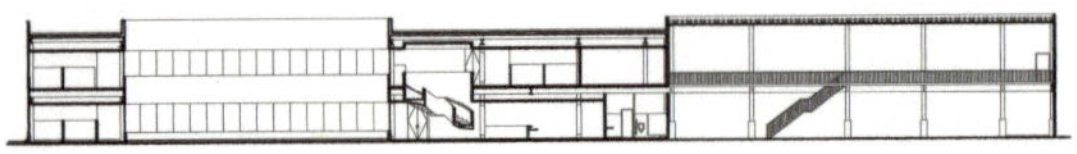

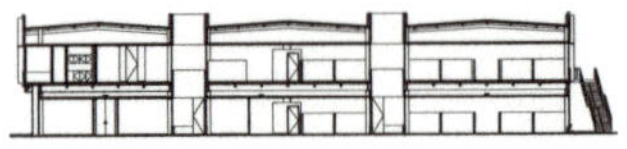

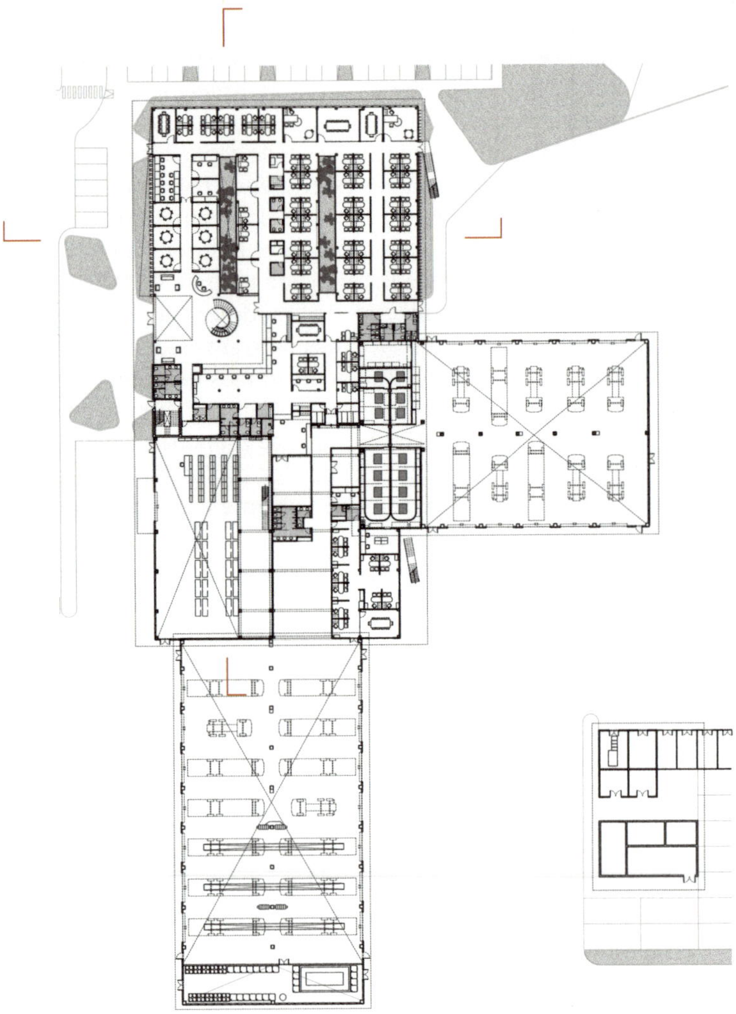

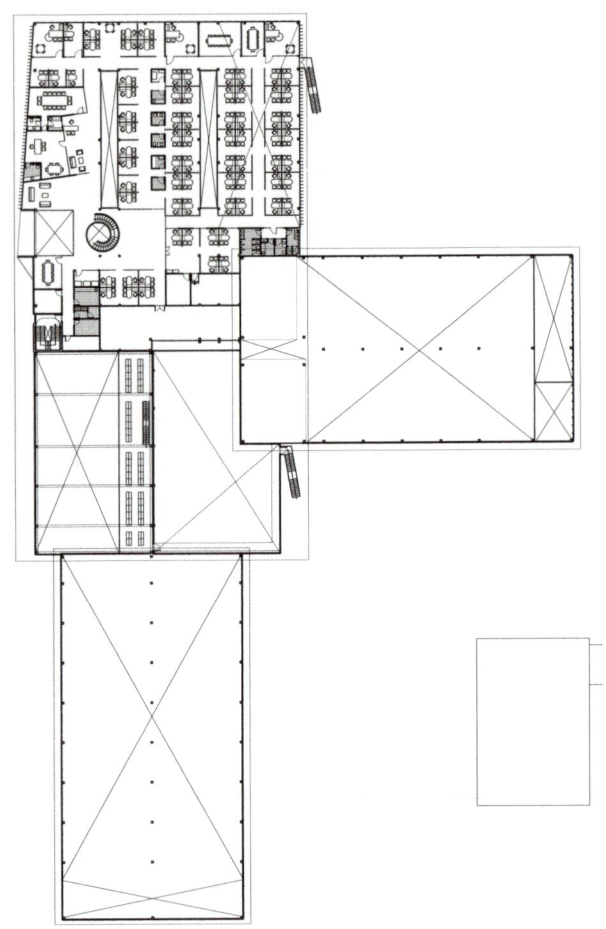

VOLVO
100

VOLVO

LINE

VOLVO
VOLVO

DAILY SETTINGS

ESCENARIOS COTIDIANOS

Daily settings

The influence of phenomenology (a movement begun by Edmund Husserl and continued by Maurice Merleau-Ponty, Edith Stein, and Gaston Bachelard, among others)—in other words, the emphasis on the experience of human perception, intentionality, the diversity of materials and textures, the creation of places—links Poggione+Biondi's work to other creations, such as Daniel Libeskind's house in São Paulo (1961). The influence of Bachelard's *The Poetics of Space*, can be seen in the shelter-like interiors, specific and diverse settings for daily life; in the presence of light through courtyards and clerestories; in the emphasis on the textures of materials; and in the records of the poetical essence of inhabiting.

House in the Water (2010–2011) surprises due to the warmth of the space that is experienced and transformed through the use and accumulation of authentic memories and symbols of its owners. Horizontal, transparent spaces are predominant. The perception of the routes connect us to the works of Granada-based architects, Juan Domingo Santos and Carmen Moreno, also based on perception and experience, in accepting the impact of the environment on the atmospheres that are created and on the search for scale of the surroundings.

ChaPa House (2014–2015) is remarkable for the clarity of its representativeness, the diversity of flooring material textures (the white-and-black tiles evoking Lima's traditional houses) and walls (exposed concrete, raised brickwork, concrete blocks, and wood) that always invite the touch. The house is configured as a phenomenological experience, with a sensitive space informed by the lightness of the stairs and bannisters, whose lines vibrate within the interior light, in which the atmosphere and domestic scale stand out. A circulation space gradually reveals the living room and interior garden on the way to the staircase. The structural panels shift the perspective depending on the position and they create a partition, a border, that fades away with movement.

Pequeña Tierra House (2004) does justice to its name: a small-scale masterpiece, this house infused with all the values of the surrounding land. This is expressed in a horizontal layout of a series of courtyards, and a well-judged synthesis of Peru's pre-Hispanic architectural tradition and Lima's colonial-era mansions, filtered through the criteria of a minimalist yet warm modernity.

A frequently used device such as the clerestories to provide the interiors with natural ventilation and lighting reveals the synthesis between a contemporary, international style and local tradition; the flat or sloping light wells, in which the illumination enters from the side and bounces off the walls, adapted from a dual origin in the tradition of Lima's homes, the vernacular rural architecture of Peru and the wind towers in the architectural tradition of the most arid parts of the Mediterranean. These features provide ventilation, lighting, and shade.

Escenarios cotidianos

La influencia de la fenomenología —iniciada por Edmund Husserl y continuada por Maurice Merleau-Ponty, Edith Stein y Gaston Bachelard, entre otros—, es decir, el énfasis en la experiencia de la percepción humana, la intencionalidad, la diversidad de materiales y texturas, la creación de lugares, enlaza la obra de Poggione+Biondi con otras creaciones, como la casa de Daniel Libeskind, en São Paulo (1961). La influencia de *La poética del espacio*, de Bachelard, es manifiesta en los interiores como cobijos, escenarios específicos y diversos para la vida cotidiana; en la presencia de la luz a través de patios y teatinas; en el énfasis en las texturas de los materiales; en la memoria de la esencia poética del habitar.

La Casa en el Agua (2010-2011) sorprende por la calidez del espacio vivido y transformado por el uso y la acumulación de símbolos y recuerdos auténticos de sus habitantes. Predominan espacios horizontales y transparentes. La percepción de los recorridos nos enlaza con las obras de los arquitectos granadinos Juan Domingo Santos y Carmen Moreno, también basadas en la percepción y la experiencia, en aceptar la acción del medio ambiente, en las atmósferas que se crean y en la búsqueda de la escala del entorno.

En la Casa ChaPa (2014-2015) destaca la claridad de su representatividad, la diversidad de texturas en suelos —con el mosaico blanco y negro que rememora las casas limeñas— y paredes —de concreto visto, ladrillo en relieve, bloques de cemento y maderas—, que atraen siempre la experiencia del tacto. La casa se configura como experiencia fenomenológica, con un espacio sensible pautado por la ligereza de la escalera y las barandillas, cuyas líneas vibran dentro de la luz interior, en la que resuenan la atmósfera y la escala doméstica. Un espacio de recorrido va revelando el salón y jardín interior conforme se camina hacia la escalera. Las láminas estructurales cambian la perspectiva según la posición de quien recorre el espacio y generan una pared, un límite, se descompone con el movimiento.

La Casa Pequeña Tierra (2004) hace honor a su nombre: es una pequeña obra maestra, que absorbe todos los valores de la tierra del entorno. Y que se expresa en la horizontalidad organizada en secuencia de patios, y en una sabia síntesis de la propia tradición de la arquitectura prehispánica peruana y las antiguas casonas limeñas, filtradas por los criterios de una modernidad minimalista y, a la vez, cálida.

Un recurso frecuente, como las teatinas, para iluminar y ventilar los interiores, muestra la síntesis entre la contemporaneidad internacional y la tradición local: los lucernarios o chimeneas de luz, planas o inclinadas, en las que la claridad entra de manera lateral y rebotada, adaptadas de una doble procedencia en la tradición de la casa limeña: la arquitectura vernácula rural del Perú y las torres de viento de la

Poggione+Biondi's works, like all good architecture, show that their essence is not only space, but the space defined by the light entering through the window, the skylight or dome, which bounces off, reflects, shines, and illuminates. On this subject, Louis Kahn is often quoted:

> Also marvelous in a room is the light that comes through the windows of a room and that belongs to the room. The sun does not realize how wonderful it is until after a room is made. A man's creation, the making of a room, is nothing short of a miracle. Just think, that a man can claim a slice of the sun.

Kahn expressed this clearly in his conference "Space and Inspirations" (1967): "No space, architecturally, is a space unless it has natural light [...] A room in architecture, a space in architecture, needs that life-giving light—light from which we were made" (in Alessandra Latour, ed., *Louis I. Kahn: Writings, Lectures, Interviews*, Rizzoli International Publications, New York, 1991, p. 228).

In all of these domestic experiences, poetry and beauty never allows them to forget people's real needs or the daily work required by everyday maintenance. They transfer an awareness of quality and beauty of the spaces of daily life of single-family residences to multi-family buildings. Not knowing who will live in them is compensated by the experience of so many others.

Verdea Building (2011–2013), located between the city and the park, where Susel and René live with their children, is an outstanding example of this approach to collective housing. Each façade changes depending on its direction and views. The main frontage overlooks the park and is made of glazed lookouts and terraces, that open onto this urban lung like elevated courtyards. The structure's clarity and force is reminiscent of the precise, lightweight work of Carlos Ferrater and the Office of Architecture in Barcelona, with its lightened, staggered, and strictly modulated design, with details that adhere to Mies van der Rohe's maxim that "less is more." By contrast, the façades overlooking the main avenue and side-passage are more massive, with stereotomic openings.

tradición de la arquitectura del mediterráneo más árido. Estos elementos proporcionan aire, luz y sombra.

La arquitectura de Poggione+Biondi, como toda buena arquitectura, demuestra que su esencia no es sólo el espacio, sino el espacio definido por la luz que entra por la ventana, el lucernario o la cúpula, que rebota, se refleja, brilla e ilumina. Hay una cita de Louis Kahn que se ha ido reproduciendo:

> Lo que es maravilloso de una habitación es que la luz que entra a través de las ventanas de esa habitación pertenece a la habitación. Y el sol, de algún modo, no advierte lo maravilloso que él es hasta después de que una habitación haya sido construida. Así la creación humana, la construcción de una habitación, es nada menos que un milagro. Pensar que el ser humano puede reclamar una porción de sol.

Kahn lo expresó con precisión en su conferencia "El espacio y las inspiraciones" (1967): "desde un punto de vista arquitectónico, ningún espacio es tal a menos que tenga luz natural. En arquitectura, una habitación o un espacio necesitan esa luz que da vida: la luz de la que estamos hechos" (en Alessandra Latour, ed., *Louis I. Kahn. Escritos, conferencias y entrevistas*, El Croquis, Madrid, 2003, p. 236).

En todas estas experiencias domésticas, la poética y la belleza no les hace olvidar nunca las necesidades reales de las personas ni el trabajo diario que requieren los cuidados cotidianos. Trasladan la sensibilidad de la calidad y belleza de los espacios de vida cotidiana de las viviendas unifamiliares a los edificios de vivienda colectiva. El desconocimiento de las personas que los habitarán se suple con la experiencia de otras tantas.

En esta escala de lo colectivo sobresale el Edificio Verdea (2011-2013), situado entre la ciudad y el parque, donde Susel y René viven con sus hijos. Cada fachada es diversa en función de la orientación y las vistas. La fachada principal da al parque y está hecha de atalayas acristaladas y terrazas que se abren a ese pulmón natural como patios en altura. La claridad y contundencia de la estructura, con cierto escalonamiento y aligeramiento, y la estricta modulación, con los detalles de las entregas, recuerdan la arquitectura liviana y precisa de Carlos Ferrater y la Office of Architecture in Barcelona, en la estela de la obra y máxima de Mies van der Rohe, "menos es más". En cambio, las fachadas a la avenida y al pasaje lateral son más macizas, con unas aberturas, estas sí, de carácter estereotómico.

We understand the domestic space as being fundamental in your approach to architecture. What is your understanding of this nest-space, this foundational space?

Susel Biondi It's the shelter, the idea surroundings, the home.

René Poggione Gaston Bachelard, whom we quote above, and admire greatly for the *Poetics of Space*, wrote that "our house is our corner of the world [...] our first universe" and that "without it, man would be a dispersed being. It maintains him through the storms of the heavens and through those of life. It is body and soul. It is the human being's first world." After reading Bachelard, I feel that as human beings cannot return to the mother's womb, we build a home. This is the aim of our work: "the house shelters daydreaming, the house protects the dreamer, the home allows one to dream in peace."

Given the time we spend on each house, our studio does not accept many commissions and almost never more than one at a time. In fact, we use them as ways of experimenting with issues that interest us: materials, intentions, or obsessions which we learn from and later help us with projects on a different scale.

Together with our clients, who generally end up becoming our friends, we explore living at the most basic level: the family members' roles and relations, which also change over time. We try to discover and construct spaces of inter-relation, but also spaces that offer the seclusion that is so hard to find in these times of hypercommunication.

Light—which isn't abstract, but has very precise geographical coordinates and specific moments—is one of our favorite themes. Lima's light, so even and flat, perfect for a museum, is cold for homes. Working with this light, bringing it in through the roof, makes it bounce off materials, warming them as it goes, is an essential part of our work.

Interpretamos que el espacio doméstico es uno de los nudos principales de vuestra concepción de la arquitectura. ¿Cómo entendéis este espacio-nido, este espacio fundacional?

Susel Biondi Es el cobijo, el entorno ideal, el hogar.

René Poggione Gaston Bachelard, a quien citan más arriba, de quien apreciamos mucho *La poética del espacio*, dice que "la casa es nuestro rincón del mundo (...) nuestro primer universo" y que "sin ella el hombre sería un ser disperso. Lo sostiene a través de las tormentas del cielo y de las tormentas de la vida. Es cuerpo y alma. Es el primer mundo del ser humano". Después de leer a Bachelard, lo que yo siento es que, como el ser humano no puede regresar al útero materno, construye su casa. Eso es lo que buscamos hacer, parafraseándolo: "la casa que alberga el ensueño, la casa que protege al soñador, la casa que nos permite soñar en paz".

Dado el trabajo que nos tomamos en cada casa, nuestro estudio no toma el encargo de muchas y casi nunca en simultáneo. En realidad, las usamos como materia de experimentación de temas que nos interesan, de materiales, de intenciones o de obsesiones y cuyo aprendizaje nos sirve para proyectos en otra escala.

Aquí, junto a nuestros clientes, que en general terminan siendo nuestros amigos, vamos explorando el habitar en su grado cero, las relaciones y roles familiares, que a la vez van mutando con el tiempo. Vamos tratando de descubrir y construir los espacios de la interrelación, pero también los espacios que permiten la soledad, tan denostada en estos tiempos de hipercomunicación.

La luz, que no es abstracta, sino que tiene coordenadas geográficas muy precisas y momentos tan particulares, es uno de nuestros temas favoritos. La luz limeña, tan pareja y plana, perfecta para un museo, resulta fría para una casa. Trabajar esta luz, introducirla por el techo, hacerla rebotar en materiales que la van calentando es parte fundamental de nuestro trabajo.

Casa Pequeña Tierra

Chorrillos, Lima, Perú | 339 m² | 2005
12° 12' 48'' S, 77° 00' 21'' W | 4 msnm / 4 m.a.s.l.
Litoral subtropical / Sub-tropical coast
Cliente / Client | Familia Rodríguez Macera / Rodríguez Macera Family
Ingenierías / Engineering | Pedro Moscoso
Constructor / Construction | Juan Díaz

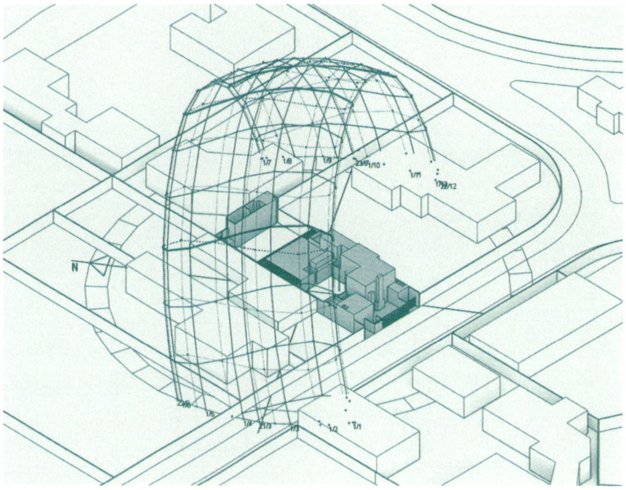

The house is a tribute to Lima's old houses, developed around three courtyards: the entrance area; the central and social space, the true diaphragmatic heart of the home; and the intimate and private vegetable garden and swimming pool between the bedrooms, the playroom for when the children are young to become the study room as they grow older.

Concrete blocks were used exclusively, because they withstand the humid and salty soil, with the added benefit that they avoid the use of terracotta brick whose extraction is damaging the small and fragile valleys of the Peruvian desert coast.

Reinforced, load-bearing walls provide the backdrop for an important collection of pre-Hispanic, baroque-colonial, and modern art, creating stark and powerful surfaces broken at specific intervals to soften and dematerialize them with light and shadow.

A few colored surfaces and a gold-leaf-coated light shaft reflects and softens the light. The divisions in the walls allow the sound of the nearby sea and the breeze to penetrate the home, cooling and perfuming the interiors after having passed through the jasmine and honeysuckle. The elevated openings provide ample ventilation and illumination for the kitchen, bathrooms, and dressing rooms. The light and the air enter into dialogue with the house's basic elements.

The blind façade overlooking the street is silent, showing the chimney stack and light shaft volumes connected to the living area. The interior façades have large openings: the living and dining room opens onto a space shaded by awnings held taught by former light posts; the bedrooms have a small wooden protrusion to support jasmine and provide a continuous wooden bench below.

This landscape-home made purely of block, stone, and light, is inspired by all of the traditions which Latin Americans, according to Jorge Luis Borges, are entitled to. This makes it global and local, from everywhere and precisely here, and designed for the enjoyment of life.

La casa es un tributo a las antiguas casonas limeñas, organizada en tres patios: uno de ingreso; otro central y social, el verdadero corazón diafragmático de la vivienda, y el huerto con la piscina, privado e íntimo, al que se abren los dormitorios, la sala de juegos cuando los hijos son chicos y la sala de estudios cuando crecen.

Se trabaja sólo con bloquetas de concreto porque resisten al suelo húmedo y salitroso del lugar, y reemplazan el ladrillo de arcilla cocida, cuya extracción acaba con las superficies de los pequeños y frágiles valles de la costa desértica peruana.

Muros armados y portantes sirven de fondo para instalar una importante colección de arte prehispánico, colonial barroco y moderno, y conforman planos de masa contundente y frugal, que se destaja en puntos clave para diluirse y desmaterializarse con la presencia de luz y sombra.

Pocos planos de color y una chimenea de luz revestida en pan de oro se encargan de reflejar y endulzar la luz. Los cortes en los muros dejan pasar el sonido del mar cercano y la brisa, que se enfría y se perfuma y al pasar por madreselvas y jazmines antes de ingresar a los ambientes. Las teatinas ventilan e iluminan con generosidad cocina, baños y vestidores. La luz y el aire dialogan con los elementos básicos de la casa.

La fachada hacia la calle es silenciosa y sin vanos. Su volumetría denota las chimeneas de fuego y luz que sirven a la sala. Las fachadas interiores se abren con grandes vanos: el de sala y comedor da al patio central, sombreado por lonas tensadas en antiguos postes de luz; el de los dormitorios tiene un pequeño alero de madera que sostiene jazmines y genera un espacio de banca corrida al pie.

Esta casa paisaje, de puro bloque, piedra y luz, se nutre de todas las tradiciones a las que, según Jorge Luis Borges, tenemos derecho los latinoamericanos. Por eso es global y local, de todas partes y de aquí, y está hecha para el goce de la vida.

0
10

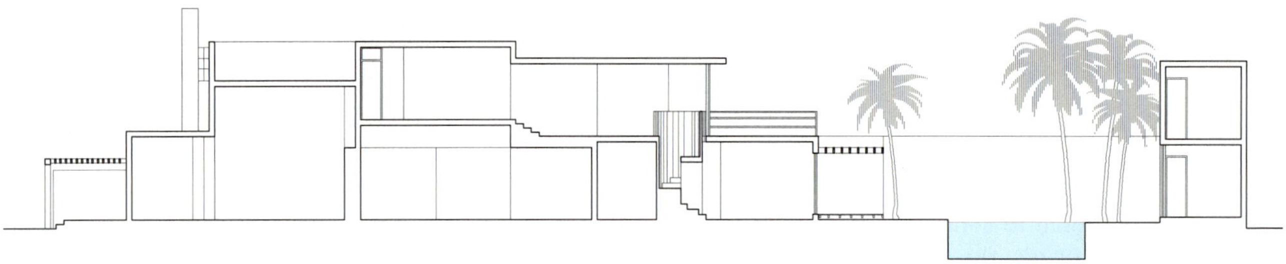

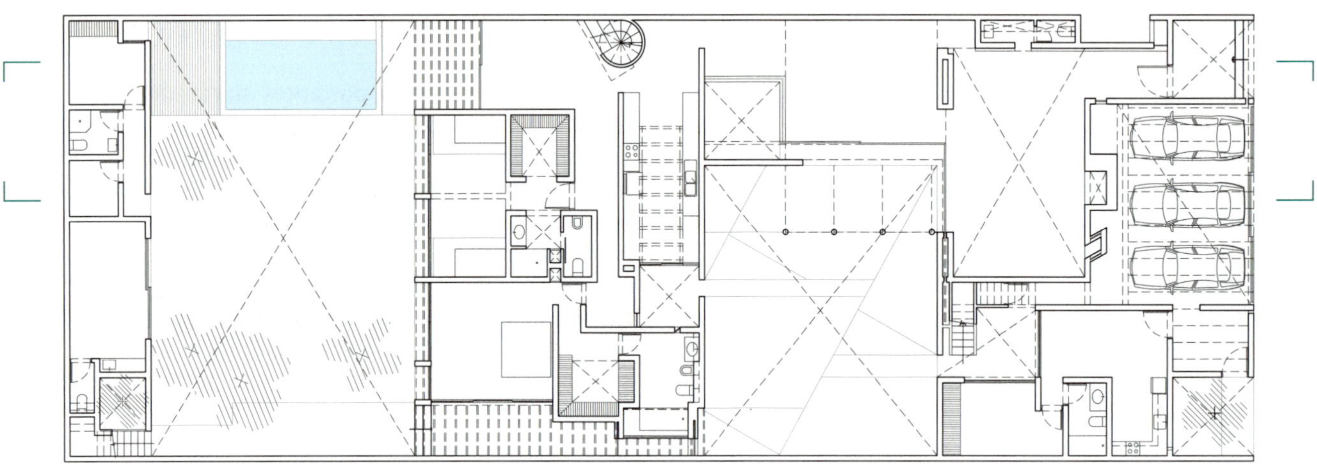

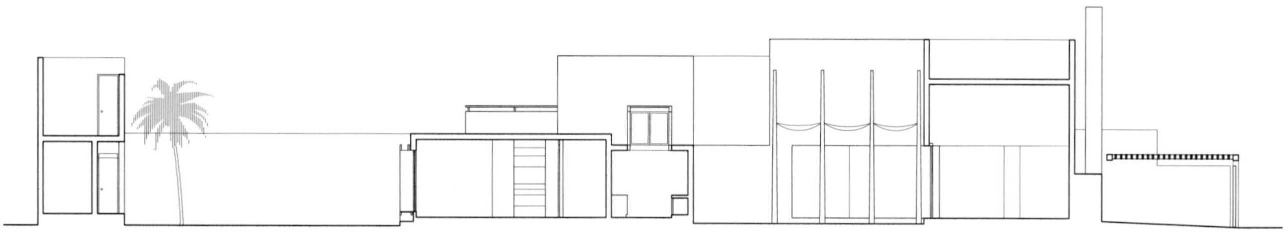

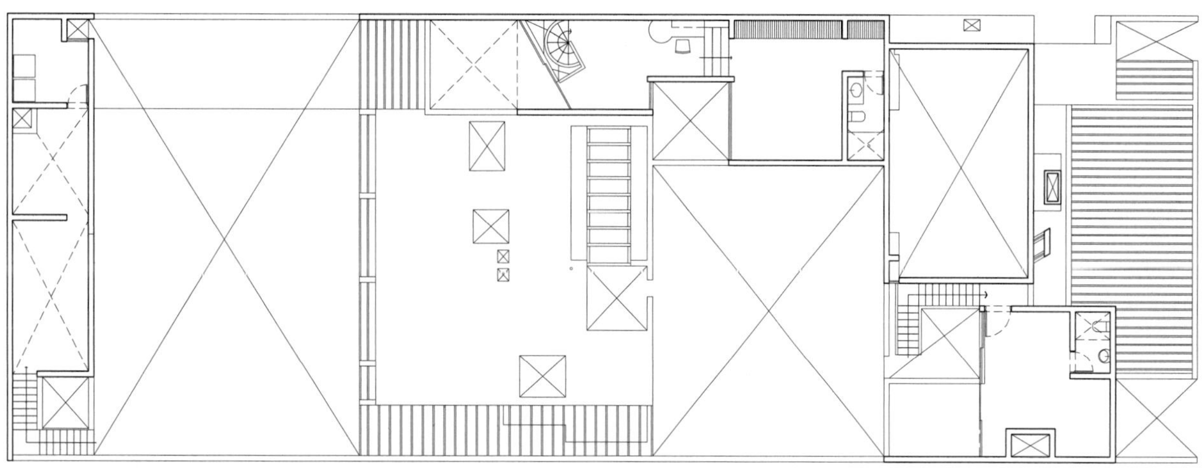

Casa en el Agua

Chorrillos, Lima, Perú | 320 m² | 2010
12º 12' 36" S, 77º 00' 05" W | 2 msnm / 2 m.a.s.l.
Litoral subtropical / Sub-tropical coast
Cliente / Client | Familia Sordo Arias / Arias Sordo Family
Ingenierías / Engineering | Pedro Moscoso
Constructor / Construction | Juan Díaz

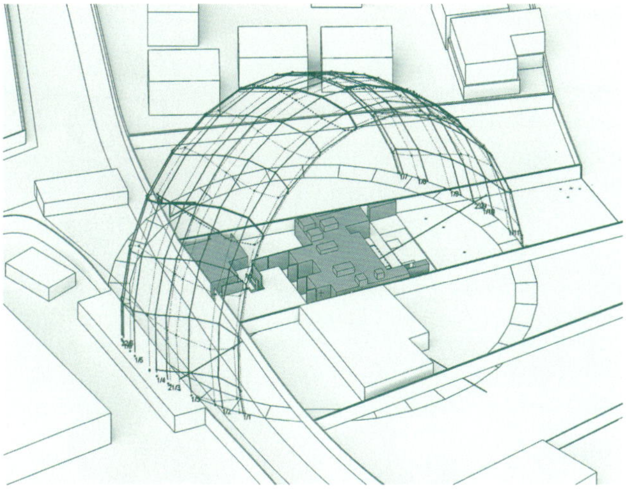

The owners' love of water and the need for its proximity defined the project. The fact that the plot is near the marshes of Villa inspired us to *place the house on the water*, with a circuit that starts at the entrance and ends in the rear garden: visitors are welcomed by a small fountain and follow a thread of water toward the house. The transparency toward the garden reveals a fountain with bulrushes and a large infinity pool running across the plot, providing the home's main axis.

The soil has a low load-bearing capacity, so the house was designed on a single level: the social area and master bedroom faces southeast, with garden views overlooking a golf course and the marshes. The children's bedrooms, living room, and desk all look northwest, onto the front garden, yet without being exposed. Along the route, walls guide the way and provide visual intimacy for the private zones.

We avoided the use of terracotta bricks to protect the Peruvian coast's fragile coastal valley land. Concrete block is the main material used and left exposed to respect its strong, neutral appearance, acting as a backdrop to the life in the home, the gardens and trees, the users, and their personal belongings.

The dining room, on the south-to-west façade, consists of concrete block columns that act as brise-soleils. The areas with openings onto the afternoon sun have pergola-style terraces and honeysuckle to provide shelter from the sun.

The roofs have their own topography: a series of specially oriented openings to bring in natural light and ventilation create an artificial relief on the roof. This makes light the main component in the house: these elevated openings give a "hierarchical" order in the entrance, giving rhythm to the bedroom corridor, structuring the room for everyday meals, and ventilating the bathrooms and walk-in wardrobes.

La afinidad de los propietarios con el agua y la necesidad de tenerla siempre cerca definieron el proyecto. El hecho de que el terreno se encontrara en las inmediaciones de los pantanos de Villa nos hizo pensar cómo diseñar para *poner la casa en el agua*. Se armó un circuito que empieza en el ingreso y termina en el jardín posterior: una pequeña fuente da la bienvenida y un hilo de agua acompaña el recorrido hacia la casa. La transparencia hacia el jardín deja ver una fuente con juncos de pantano y la gran piscina de borde infinito, transversal al terreno, como eje central del hogar.

Por la poca capacidad de carga del suelo, la casa se proyecta en un solo piso: la zona social y el dormitorio principal se orientan hacia el sureste, con vistas al jardín que da al golf y al pantano. Los dormitorios de los hijos, la sala de estar y el escritorio miran hacia el noroeste, al jardín de la entrada, pero no están expuestos. En el recorrido, unos muros guían el camino y bloquean las visuales hacia el área privada.

Evitamos usar ladrillos de arcilla para cuidar el escaso suelo fértil de la costa peruana. El material principal es la bloqueta de concreto, que se usa expuesta, por su expresión neutra y fuerte, que juega a ser fondo de la vida de la casa, los jardines y árboles, la gente y sus objetos de afecto.

El comedor, en la cara suroeste, presenta una secuencia de columnas de bloquetas de concreto, a manera de *brise-soleils*. Los ambientes con vanos hacia el sol de la tarde tienen terrazas con solysombra y madreselvas como protección.

Los techos tienen una topografía propia: un juego de teatinas orientadas para regular la luz y la ventilación naturales arman un relieve artificial en el techo. Así, la luz es el elemento compositivo principal de la casa: las teatinas jerarquizan el ingreso, le dan ritmo al pasaje de los dormitorios, arman el comedor de diario, y ventilan e iluminan baños y vestidores.

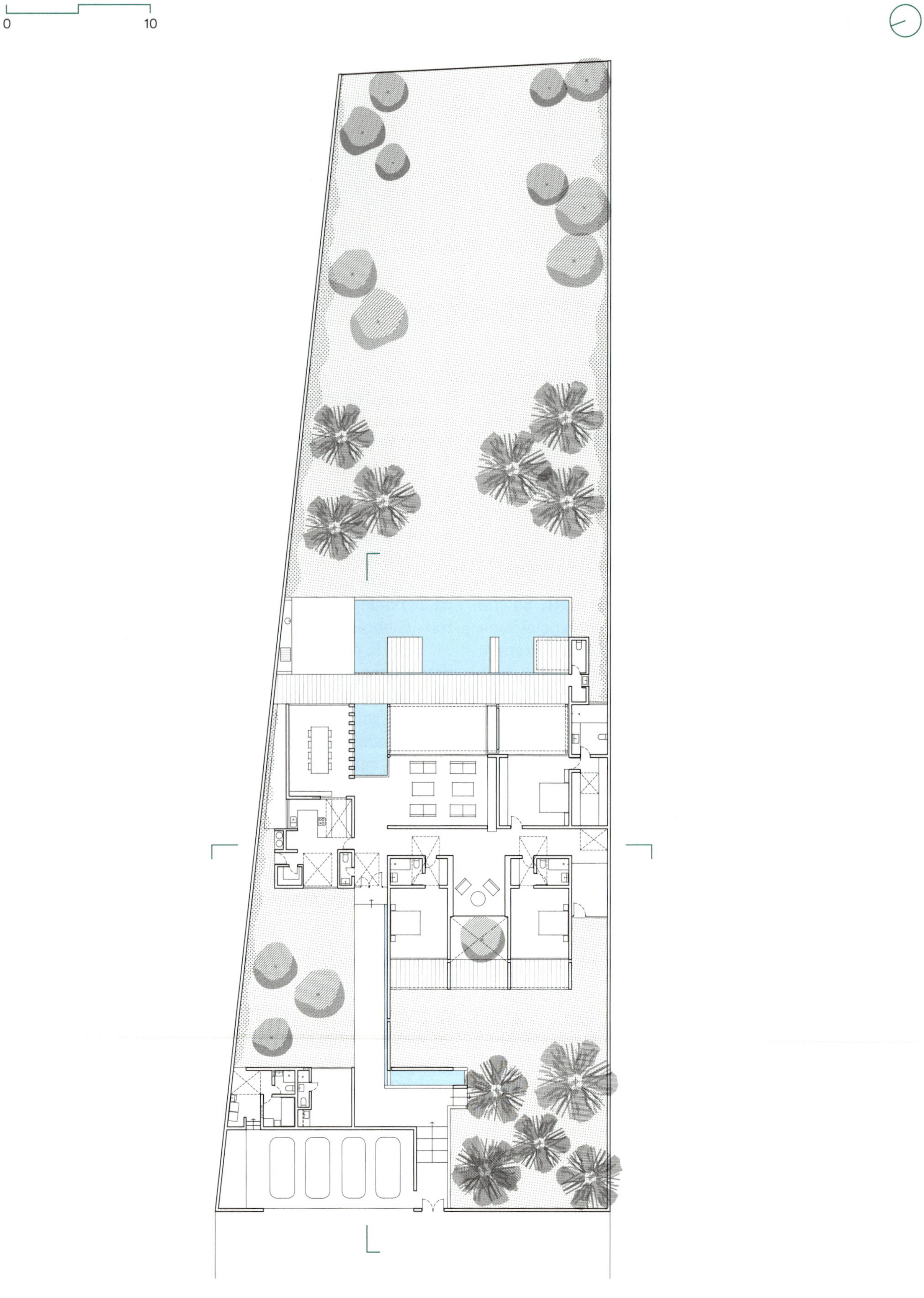
0
10

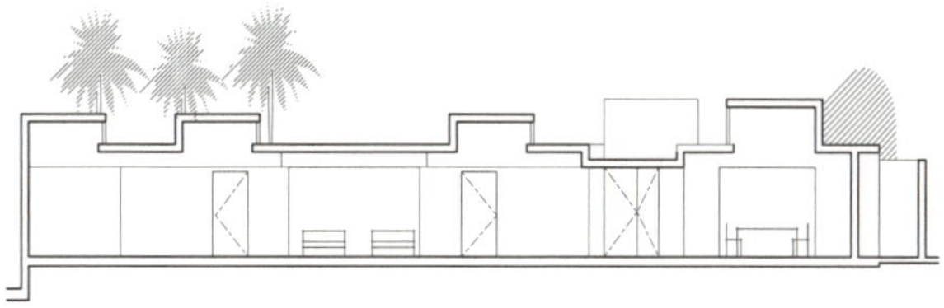

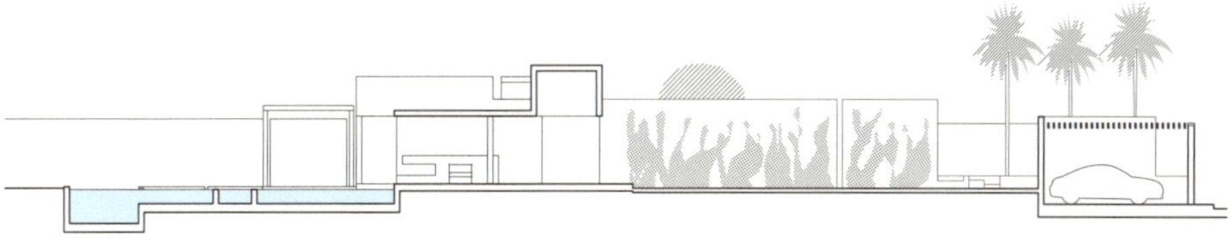

Casa ChaPa

Chorrillos, Lima, Perú | 440 m² | 2017
12º 12' 39'' S, 77º 00' 44'' W | 3 msnm / 3 m.a.s.l.
Litoral subtropical / Sub-tropical coast
Cliente / Client | Familia Chadwick Palazzetti / Chadwick Palazzetti Family
Ingenierías / Engineering | Cesar Villegas, JG
Constructor / Construction | Ernesto Castro-Mendívil

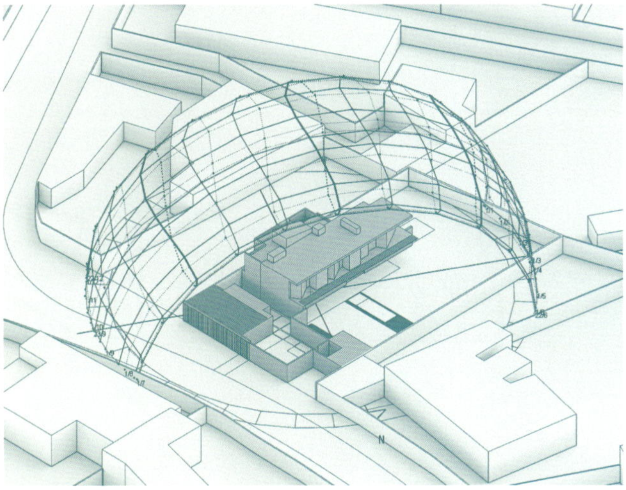

ChaPa House is built on flat, sandy land between the sea and Villa's wetlands, under Lima's glaring sun. The idea behind this project was to play with this flat lighting and reinvent it in the interior, inviting it in through elevated openings and lattices, and reflecting it on the white surfaces, steel, wood, glass, and concrete.

The soft soil required a lightweight construction with the necessary extensions and supports. This resulted in a long, slender volume—similar to the plot itself—with cross-ventilation and lighting. The stratigraphy-like design created layers of materials to produce textures and directions reaching both levels, like a house of cards.

The house is oriented longitudinally on the plot. Each main area on both floors opens onto the northwest-facing garden. The living room, dining room, and kitchen lead to the garden through a terrace spanning the entire house, sheltered from the sun with a concrete and wooden overhang, on top of which are the bedrooms and terraces that in turn are beneath another cantilevered roof that completes the house's stratigraphy and gives sunset views from the bedrooms.

The corridor articulates the house: this double-height space looks onto the staircase, the bridge, second-floor corridor, and the light well above the staircase bathed in natural light; it also offers uninterrupted views onto the rear garden.

Vertical concrete slabs provide the structural axis, rotating as they approach the entrance to increase privacy in the living room.

La Casa ChaPa está construida en un suelo plano y arenoso, entre el borde del mar y los humedales de Villa, bajo la luz sin sombra del cielo limeño. La búsqueda en este proyecto fue jugar con esa luz plana y reinventarla en el interior al hacerla entrar por las teatinas y mamparas, y reflejarla en los planos blancos, en aceros, maderas, cristales y concretos.

El suelo tiene poca resistencia, por eso se propuso que la casa pesara poco, que se apoyara y se extendiera lo necesario. Así se conformó un volumen largo y delgado, como el terreno, atravesado por el aire y la luz. Se diseñó a manera de una una estratigrafía, con capas de materiales que se suman y generan texturas y direcciones para alcanzar los dos niveles, como un castillo de naipes.

La casa se emplaza de manera longitudinal en el lote. Todos los ambientes principales de ambos niveles se abren hacia el jardín, que da al noroeste. El espacio de sala, comedor y cocina se conecta con el jardín mediante una terraza a todo lo largo, protegida del sol con un volado de concreto y madera. Sobre éste se levantan los dormitorios y sus terrazas, rematadas con un techo, también volado, que completa la estratigrafía de la casa y permite disfrutar la puesta de sol desde las habitaciones.

La galería es el espacio articulador de la casa y ofrece varias sensaciones: la doble altura con vista a la escalera, el puente y la galería del segundo piso; la teatina sobre la escalera, que baña el espacio de luz cenital, y la visual profunda hacia el jardín del fondo.

El eje estructural central se compone de placas de concreto que se van girando conforme se acercan al ingreso para proteger la visual de la sala.

0
10

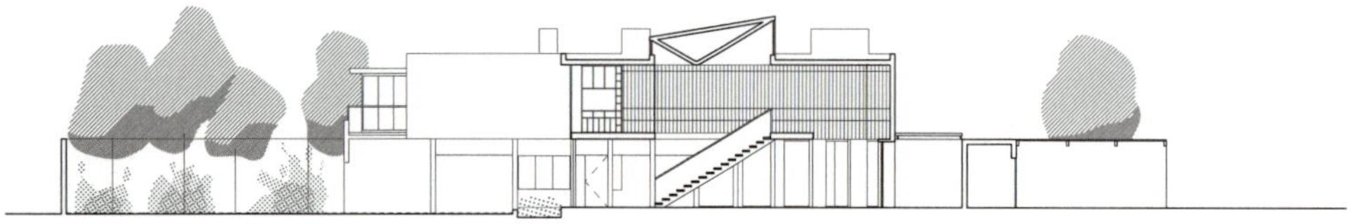

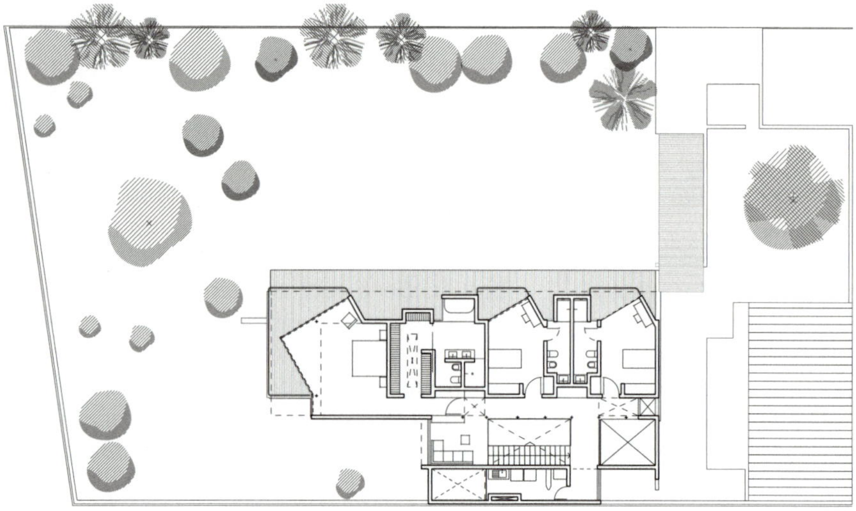

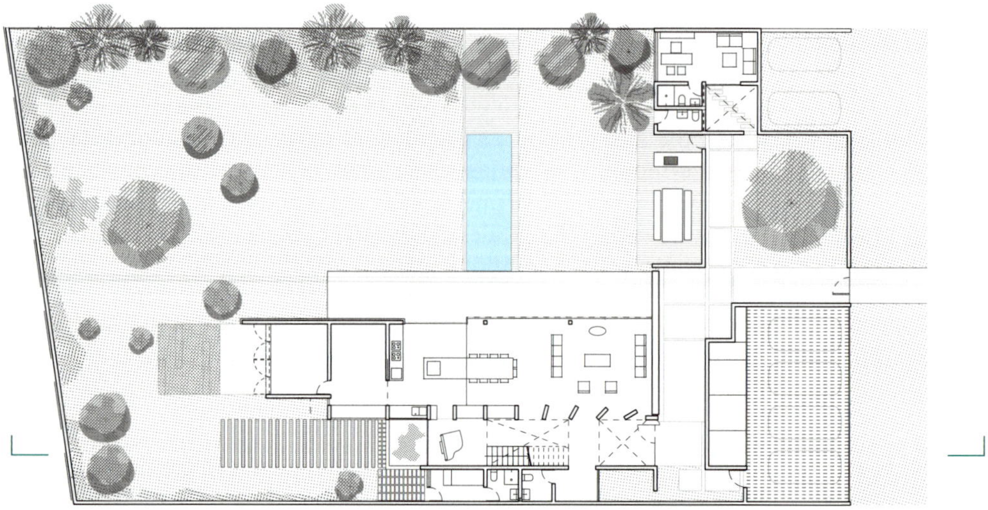

URBAN ARCHITECTURE

ARQUITECTURA URBANA

Urban architecture

The use of materials, textures, and colors allows for a blending and dialogue with the surrounding neighborhood. The buildings themselves, due to their various uses, reinforce architecture's ability to urbanize, to turn each building into a small city, or better still, to provide a seamless connection between the public and private realms.

In our increasingly exclusive and divided cities, championing an open and urban architecture becomes an unequivocal statement of principles and intentions. Sometimes success happens in small steps, an architecture of urban acupuncture, based on the possibility of each work.

In this sense, the map that places all of Susel and René's projects in Miraflores demonstrates and expresses the eminently urban quality of their work. It's a kind of remembrance and homage to Giambattista Nolli's map for mid-eighteenth-century Rome.

We can find this quality in their work on the ground floor of the Terrazas de Pardo Building (2009–2011), which gives the city a tree and a bench, which signifies the place and gives people the chance to meet and take a rest. This can be seen as a useful example of microurbanism that makes a large impact in a city where buildings are blind, with façades of walls and bars. Or else, the entire building opens up to the city, multiplying its façade, placing the gaze on the street. This improves life in the city and its homes.

In the You5020 building (2018), the design shows that being generous to the city is a win-win solution. By creating a single façade in line with the street—in theory the best option—the traffic outside would have impinged on every living space, and the interior courtyards would be minimal. By contrast, the chosen design created a façade overlooking a large, green space to be enjoyed by all the building's residents, a green heart that improves people's own environment and the city's. This central area can be used in many ways and provides an ante-chamber and meeting space for residents and visitors alike. We can imagine how with time this interior garden will become a natural, micro-ecosystem in the urban environment, as in the case of the Next21 building in Osaka.

The mixed-building on the corner, which integrates the Lust residential building facing Alcanfores Street and the Hotel Innside that looks onto Diez-Canseco Street, and including retail spaces on its ground floor, forms an urban complex that makes way for a new piece of the city. In this and other cases, the building considers the skyline and the building's volumetric contribution to the horizon, which draws a cut-out line. The lower floors are designed to interact with pedestrians who are walking by and turn them into open, privileged spaces for the building and the city.

S-M-L Urban Mix—a mixed-use building with homes, offices, and stores, awarded second place in the Edifica Competition 2017—once again stands out as

Arquitectura urbana

El uso de los materiales, texturas y colores permite la mímesis y el diálogo con el barrio donde se sitúan las obras. Los mismos edificios, por su mezcla de usos, refuerzan las capacidades de la arquitectura de hacer ciudad, de convertir cada edificio en una pequeña ciudad, o mejor aún, en un eslabón sin solución de continuidad entre lo público y lo privado.

En ciudades que son cada vez más excluyentes y divididas, el hecho de apostar por una arquitectura abierta y urbana es toda una declaración de principios e intenciones. A veces esto se logra con pequeños gestos, una arquitectura de acupuntura urbana, desde lo posible en cada obra.

En este sentido, el plano que sitúa todos los proyectos de Susel y René en Miraflores demuestra y expresa el carácter eminentemente urbano de su obra. Es una especie de rememoración y homenaje al plano de Giambattista Nolli para la Roma de mediados del siglo XVIII.

Podemos comprobarlo en la acción en la planta baja del edificio Terrazas de Pardo (2009-2011), en la que se regala a la ciudad un árbol y un banco que significan el lugar y habilitan la posibilidad de descansar y encontrarse. Puede considerarse una acción aleccionadora de microurbanismo de gran impacto en una ciudad en la que los edificios se cierran al exterior y las fachadas son bardas y rejas. Otras veces, todo el edificio se abre a la ciudad, multiplicando su fachada, por lo tanto, potenciando los ojos en la calle. La ciudad gana calidad al igual que las viviendas.

En el edificio You5020 (2018), la solución demuestra que la generosidad con la ciudad es una ganancia doble. Si se hubiera propuesto una única fachada alineada a la calle —en teoría, la mejor opción—, en cada espacio doméstico se sufriría el tráfico y los patios interiores serían mínimos. En cambio, la fachada se abre a un gran patio con mucha vegetación del que disfrutan todas las viviendas, un corazón verde que mejora el medio ambiente propio y el compartido. Este espacio central es abierto en usos y funciona como antesala y punto de encuentro para las personas que viven y visitan el edificio. Podemos imaginar que con el tiempo este jardín interior será un microecosistema natural en el sistema urbano, como ocurre en el edificio Next21, en Osaka.

El edificio mixto en esquina, que integra el residencial Lust hacia la calle Alcanfores y el Hotel Innside hacia la calle Diez-Canseco y que alberga comercio en su planta baja, integra un conjunto urbano que da paso a un nuevo fragmento de ciudad. Los hoteles proyectados por Poggione+Biondi, aun siendo edificios privados, se convierten en hitos públicos de lo urbano. En este y otros casos se comprueba el cuidado en el diseño del *skyline* en la entrega volumétrica del edificio al cielo, que dibuja una línea recortada. Las plantas bajas están modeladas para dialogar con las

a project of a high-rise micro-city by emphasizing the complementary nature of the volumes at the base of the building and the tower on the corner.

The large medical center Clínica Delgado (2009–2012), occupying almost an entire block, is functionally highly complex. A powerful series of volumes in tension with slanting glass planes rest on a stone base, with a plant-filled courtyard creating a friendly atmosphere. This was a joint project by Gresham Smith and Partners, Poggione+Biondi Arquitectos, and Samadhi Perú Taller de Arquitectura.

personas que caminan y que las convierten en espacios abiertos privilegiados del edificio y la ciudad.

El edificio mixto S-M-L Urban Mix, con vivienda, oficinas y comercio, segundo lugar del Concurso Edifica 2017, vuelve a destacar como propuesta de microciudad en altura al poner énfasis en la complementariedad de los volúmenes de la base y la torre en la esquina.

El gran centro de la Clínica Delgado (2009-2012), que ocupa casi toda una manzana, es un edificio de gran complejidad funcional. Se expresa de manera contundente en una volumetría en tensión de planos inclinados de cristal que se apoya en un basamento pétreo y reserva un corazón amable con un patio ajardinado. Es una obra conjunta de Gresham Smith and Partners, Poggione+Biondi Arquitectos y Samadhi Perú Taller de Arquitectura.

All your works display a sensitivity for the city's structure and you have a clear wish to improve it in all your work. How do you conceive the urban space? What qualities and characteristics do you prioritize? How do you persuade your clients about each project's essential urban and civic aspect?

Susel Biondi Apart from our interest in the domestic space as the ideal home for the family, our goal is for each project to help create an ideal environment for society as a whole.

René Poggione We have not yet made a museum or a church—only a small, unbuilt project. These are constructions that inherently embody an architectural essence as urban landmarks, and inside they are the ones that allow for a fuller architecture expression in the use of space and light. We remain hopeful of making such buildings one day.

Our work is based on professional commissions with precisely defined uses and budgets. They form part of what is called the construction industry and they need to respond accurately and swiftly to this reality, which is normally not very generous or concerned with solidarity. Within these limits we try to identify certain links that establish how our projects interact with the city.

As we said before, we are careful with the relationship with the land and sky, and also with neighbors and their urban role: whether it is a corner building, detached construction, or part of the urban fabric. We look for a different way of doing those things that are normally done the same. A different way that gives more for the same. That's how we define generosity.

I remember years ago I saw a building whose base provided a bench and I thought: the city doesn't come into being when someone draws a street and erects buildings on either side of it; the city is born when someone, unbidden, makes a building that is finished with a bench, so that some architecture student, two hundred years later, can sit down to think about the city.

La sensibilidad por la estructura urbana y la voluntad de mejorarla es evidente en todas vuestras obras. ¿Cuál es vuestra concepción de lo urbano, qué cualidades y características consideráis prioritarias? ¿Cómo conseguís convencer a los clientes de la imprescindible dimensión urbana y cívica de cada proyecto?

Susel Biondi Así como la preocupación del espacio doméstico es buscar el hogar ideal para la familia, la meta es que cada proyecto también pueda ayudar a generar un entorno ideal para la sociedad.

René Poggione Hasta ahora, nunca hemos hecho un museo ni un templo —sólo un pequeño proyecto no realizado—, obras que en sí mismas encarnan la esencia de lo arquitectónico como hitos o referentes urbanos, y en el interior son los que permiten un mayor despliegue arquitectónico en el manejo del espacio y la luz. No renunciamos a la ilusión de hacerlos algún día.

Nuestros trabajos parten de encargos profesionales, que tienen objetivos muy precisos en cuanto a usos y economías. Están insertos en esto que se llama la industria de la construcción y deben responder con cierta precisión y rapidez a esta realidad, normalmente no muy generosa ni interesada en la solidaridad. Es en medio de estos límites que tratamos de encontrar ciertos vínculos que establezcan las interrelaciones de nuestros proyectos con la ciudad.

Como dijimos antes, cuidamos la relación con el suelo y el cielo, y también con los vecinos y el papel urbano que desempeña: edificio en esquina, aislado o de tejido urbano. Buscamos encontrar un modo otro de hacer aquellas cosas que siempre se hacen del mismo modo. Un modo otro que dé más por lo mismo. De eso creemos que está constituida la generosidad.

Recuerdo que hace años vi un edificio cuyo zócalo de remate era una banca y pensé: la ciudad no comienza cuando alguien traza una calle y otro levanta edificios a cada lado; la ciudad nace cuando alguien, sin necesidad alguna, hace un edificio que remata en una banca, para que algún estudiante de arquitectura, 200 años después, se siente en ella a pensar en la ciudad.

Multifamiliar Verdea

Miraflores, Lima, Perú | 4311 m² | 2013
12º 07' 16" S, 77º 00' 45" W | 103 msnm / 103 m.a.s.l.
Litoral subtropical / Sub-tropical coast
Cliente / Client | Inmobiliaria Rotonda
Ingenierías / Engineering | PRISMA, JG
Constructor / Construction | INCOT

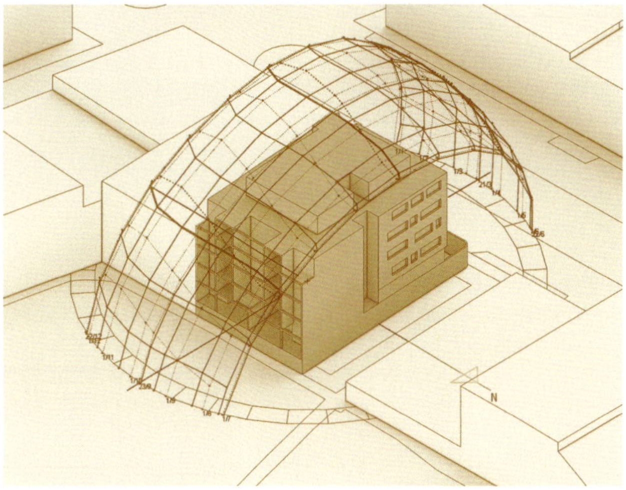

Densification and the loss of the neighborhood's green spaces prompted Verdea to match the entire green area that preexisted the residential building. Since this is not possible to achieve on a natural surface, the greenery is placed on the façades and roofs on different levels, providing vegetation to continue "cleaning the air" in a city that needs this so much.

The building has parking spaces for cars and bicycles, a ground-floor lobby, and communal multiple-use areas; two apartments are placed on each of the five upper levels, placed lengthways to give them views onto the park from the east façade, and onto the avenue from the west side.

The project proposes a graded transition between the public and private areas. The balconies on the east side include the living and dining room with the building's most transparent façade, receiving the morning sunlight and connecting to the park. The bedrooms have views onto the pedestrian walkway to the north and the tree-lined avenue to the west. The windows in these areas are hermetic and operable, with ecological PVC frames which seal the interior from air and noise infiltration. The distribution provides excellent indoor environmental quality through natural lighting and ventilation in all housing units.

The construction used certified Amazonian hardwoods and locally sourced heavy-weight materials such as cement and its aggregates. The flooring finishes came from Peru, such as the terrazzo and cement tiles from Casa Rosselló, evoking Lima's traditional republican architecture, as well as national travertine instead of imported marble or ceramic tiles. The sand-lime bricks used for the masonry work avoid the use of terracotta. Verdea uses water-saving devices and drip-irrigation systems, and waste separation areas are included in the kitchens and communal service area to encourage recycling.

Verdea, entendiéndose parte del proceso de densificación y pérdida de superficie vegetal del barrio, se propone igualar toda la superficie vegetal que existió en la vivienda que lo antecedió. Como esto no resulta posible en superficie de suelo natural, lo hace en las fachadas y en los techos a diferentes niveles. De ese modo, asegura una masa vegetal que pueda seguir "limpiando el aire" en una ciudad que tanto lo necesita.

El edificio cuenta con sótanos de estacionamiento para autos y bicicletas, una planta baja con el ingreso y áreas comunes de usos múltiples, y cinco pisos con dos departamentos cada uno, organizados de manera longitudinal para que todos tengan una fachada hacia el parque al este, y otra hacia la avenida al oeste.

El proyecto propone una gradación entre lo público y lo privado. Las terrazas al este, hacia el parque, agrupan sala y comedor con la fachada más transparente de todo el edificio que recibe el sol de la mañana. Los dormitorios tienen vistas al pasaje peatonal al norte y a la avenida arbolada del oeste. Las ventanas de estos ambientes son herméticas y operables, con marcos de PVC ecológico, que evitan filtraciones de aire y ruido. La distribución permite una buena calidad ambiental interior mediante iluminación y ventilación natural en todos los departamentos.

Se eligieron maderas amazónicas certificadas y materiales pesados locales, como el cemento y sus agregados. Los acabados de pisos son de producción nacional, como los terrazos y las baldosas empastadas de la Casa Rosselló, cargados con la memoria de la arquitectura republicana limeña, y el travertino, en lugar de mármoles o porcelanatos importados. Las mamposterías son de ladrillos sílico-calcáreos para evitar los de arcilla cocida. Se usan aparatos ahorradores de agua y riego tecnificado por goteo. En cada cocina y en las áreas de servicio comunes se dispusieron espacios para la segregación de residuos para facilitar su reciclaje.

0
10

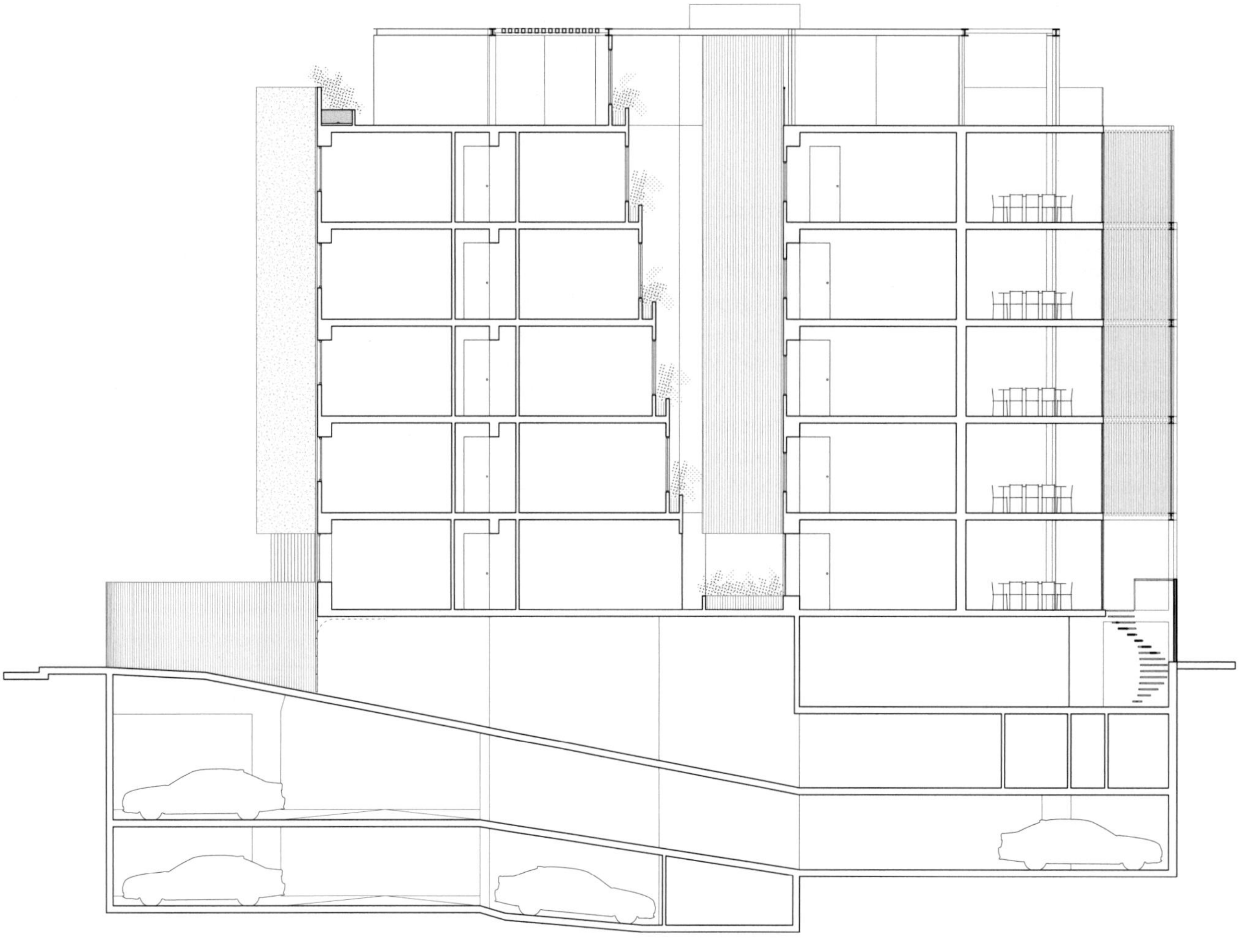

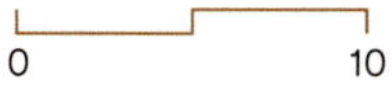
0
10

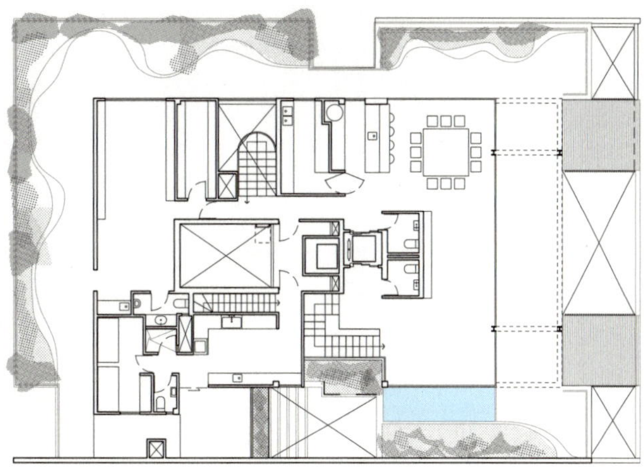

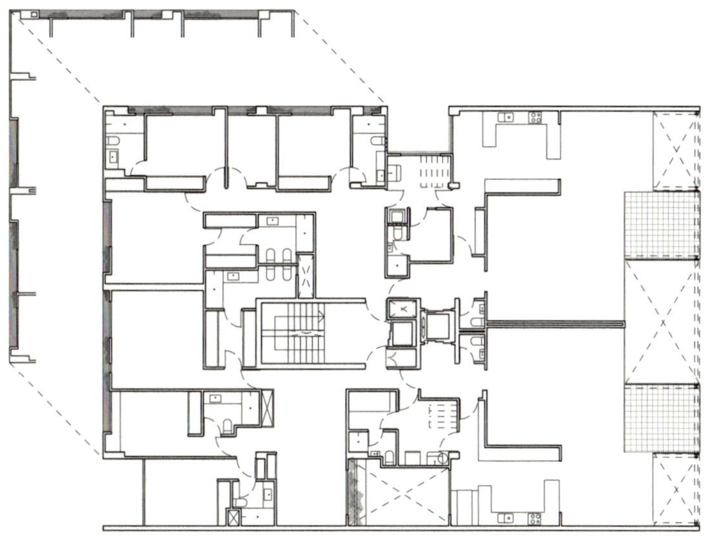

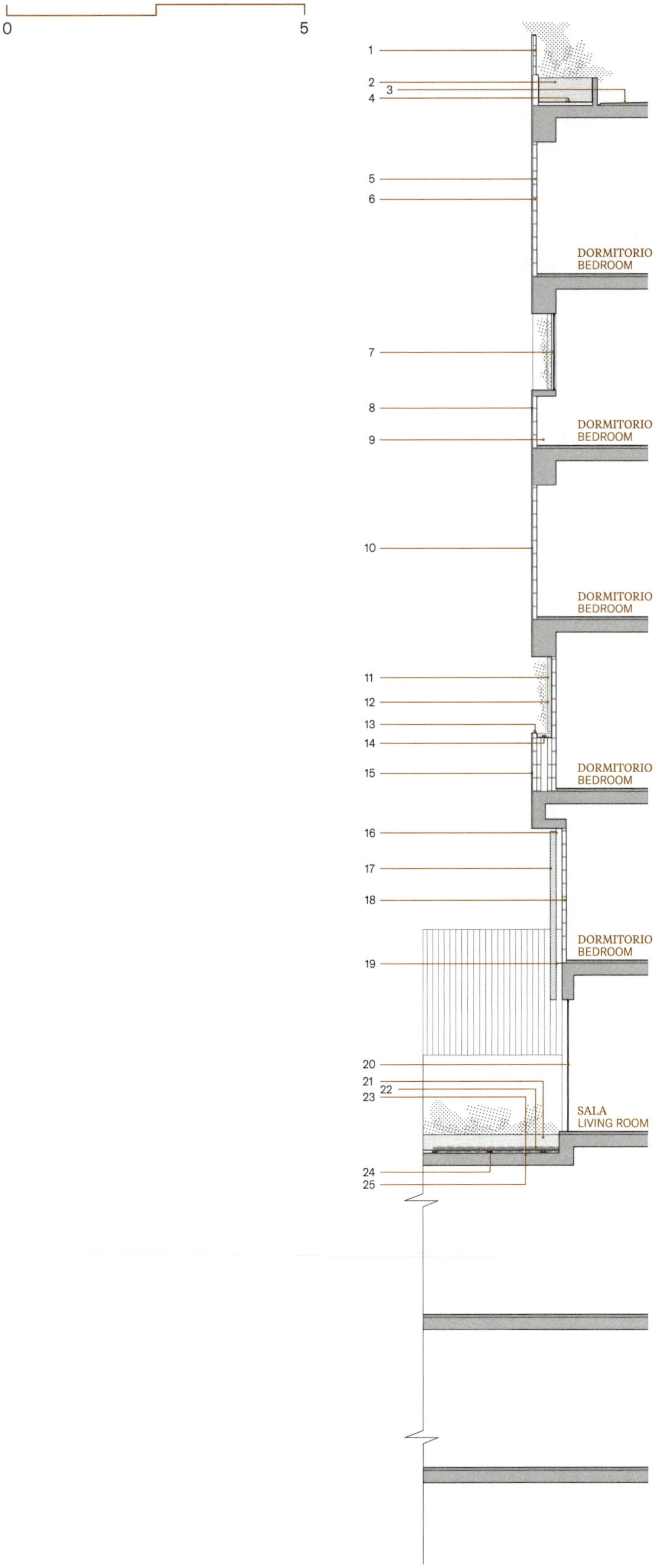

1 Muro ladrillo P7 / P7 brick wall | 2 Jardinera impermeabilizada / Waterproofed planter | 3 P=1% a canal sumidero / P=1% to drain channel | 4 Sumidero tipo hongo / Mushroom drain | 5 Muro Ladrillo P7 / P7 brick wall | 6 Microcemento bruñado según detalle / Polished microcement (as detailed) | 7 Ventana adyacente a muro verde / Window adjacent to green wall | 8 Microcemento bruñado según detalle / Polished microcement (as detailed) | 9 Estantería baja / Low shelves | 10 Microcemento bruñado según detalle / Polished microcement (as detailed) | 11 Muro verde / Green wall | 12 Muro ladrillo P7 / P7 brick wall | 13 Luminaria / Light | 14 Sumidero tipo hongo / Mushroom drain | 15 Microcemento bruñado según detalle / Polished microcement (as detailed) | 16 Cargador metálico perfil "C" / "C" profile steel support | 17 Celosía de madera e=0.10m / T=0.10m wooden lattice | 18 Muro ladrillo P7 / P7 brick wall | 19 Cargador metálico perfil "C" / "C" profile steel support | 20 Mampara / Screen | 21 Sustrato techo verde / Green roof substrate | 22 Capa filtrante antiraíces / Anti-root filter layer | 23 Geomembrana impermeabilizante / Waterproofing geomembrane | 24 Sumidero tipo hongo / Mushroom drain | 25 Losa impermeabilizada / Waterproofed slab.

Multifamiliar You5020

Miraflores, Lima, Perú | 7 878 m² | 2017
12° 06' 58" S, 77° 01' 47" W | 89 msnm / 89 m.a.s.l.
Litoral subtropical / Sub-tropical coast
Cliente / Client | Quatro Grupo Inmobiliario
Ingenierías / Engineering | PRISMA
Constructor / Construction | EF

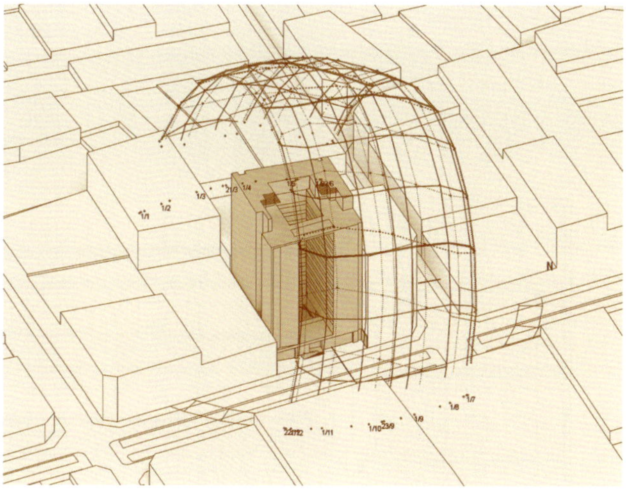

This building seeks to reconcile high density—1 500 inhabitants per hectare—and optimal lighting, ventilation, and views for each unit, while also creating an urban landmark. Although zoning regulations require new building projects to be exclusively residential, permission was granted for a ground-floor store. We consider that it contributes to the city because it breathes life into the street and offers proximity services.

Essentially, the apartment block is a large box sheltering a central void: a shared garden surrounded by housing units. The apartments are placed along three faces of the building, while the fourth is defined by two V-shaped, bridge-like structures, which complete the structural and protective cube, above and below. In the lower part, these "bridges" are the green roof of the lobby or entrance area that defines the scale of the public space by the entrance, and in the upper section the rooftop pool as the building's crowning feature.

The rectangular central garden is open toward the east; it receives direct sunlight during the morning and in the early afternoon throughout the year, providing good lighting for the units, which are lined with continuous balconies and terraces of different depths depending on their orientation.

On the ground floor, You5020 provides an active connection between the city and the home. Through a series of filters, users pass from the most public area (the street) to the most intimate one (the home). Spaces like the front garden area, the lobby entrance, the waiting room, the elevator halls, and the central garden that leads onto the most secluded communal areas (the children's playroom, multi-purpose hall, and gym) are intermediate points. The residential accommodation begins on the first floor, with continuous, plant-lined balconies, as a vertical continuation of the green area but without the need for sophisticated green walls and their high maintenance costs. The green balconies are also visual filters that offer more privacy for the building's residents.

Este edificio busca conciliar la alta densidad habitacional —1500 personas por hectárea— y las mejores condiciones posibles de luz, ventilación y vistas para todas las viviendas, al mismo tiempo que configura un hito urbano reconocible. A pesar de que la norma indica que la zona es exclusivamente residencial para proyectos de obra nueva, se obtuvo la aprobación de un local comercial en la planta baja. Consideramos que esto es un aporte a la ciudad porque vitaliza el zócalo urbano y ofrece servicios de proximidad.

En esencia, el proyecto es una gran caja protectora que genera un vacío central: un jardín común en torno al cual se organizan las unidades de vivienda. Se conforman tres fachadas de departamentos y la cuarta es delineada por dos grandes estructuras "puente" en forma de V que completan por arriba y abajo el cubo estructural y la caja protectora. Estos "puentes" son, en la parte inferior, el techo verde del *lobby* o espacio de ingreso que demarca la escala del zócalo urbano, y en la superior, la piscina en la azotea a manera de remate del edificio.

El jardín central es rectangular, abierto hacia el este. Recibe el sol de la mañana y las primeras horas de la tarde de manera directa durante todo el año, lo que aporta una buena iluminación para todos los departamentos, bordeados por balcones corridos y terrazas que varían de profundidad según su orientación.

La planta baja de You5020 busca ser una conexión activa entre ciudad y vivienda. Mediante una serie de filtros, se pasa de lo más público —la calle— a lo más privado —la unidad de vivienda—. Espacios como el área del retiro frontal, el ingreso al *lobby*, la zona de espera, los *halls* de ascensores y el jardín central que lleva a las áreas comunes más protegidas —la sala de juegos de niños, la sala multiusos y el gimnasio— son puntos intermedios. A partir del primer piso se desarrollan las unidades de vivienda, con balcones corridos bordeados de vegetación, como la continuación del área verde en vertical, pero sin necesidad de muros verdes sofisticados y sus elevados costos de mantenimiento. Los balcones verdes también son filtros visuales que dan más privacidad a los vecinos.

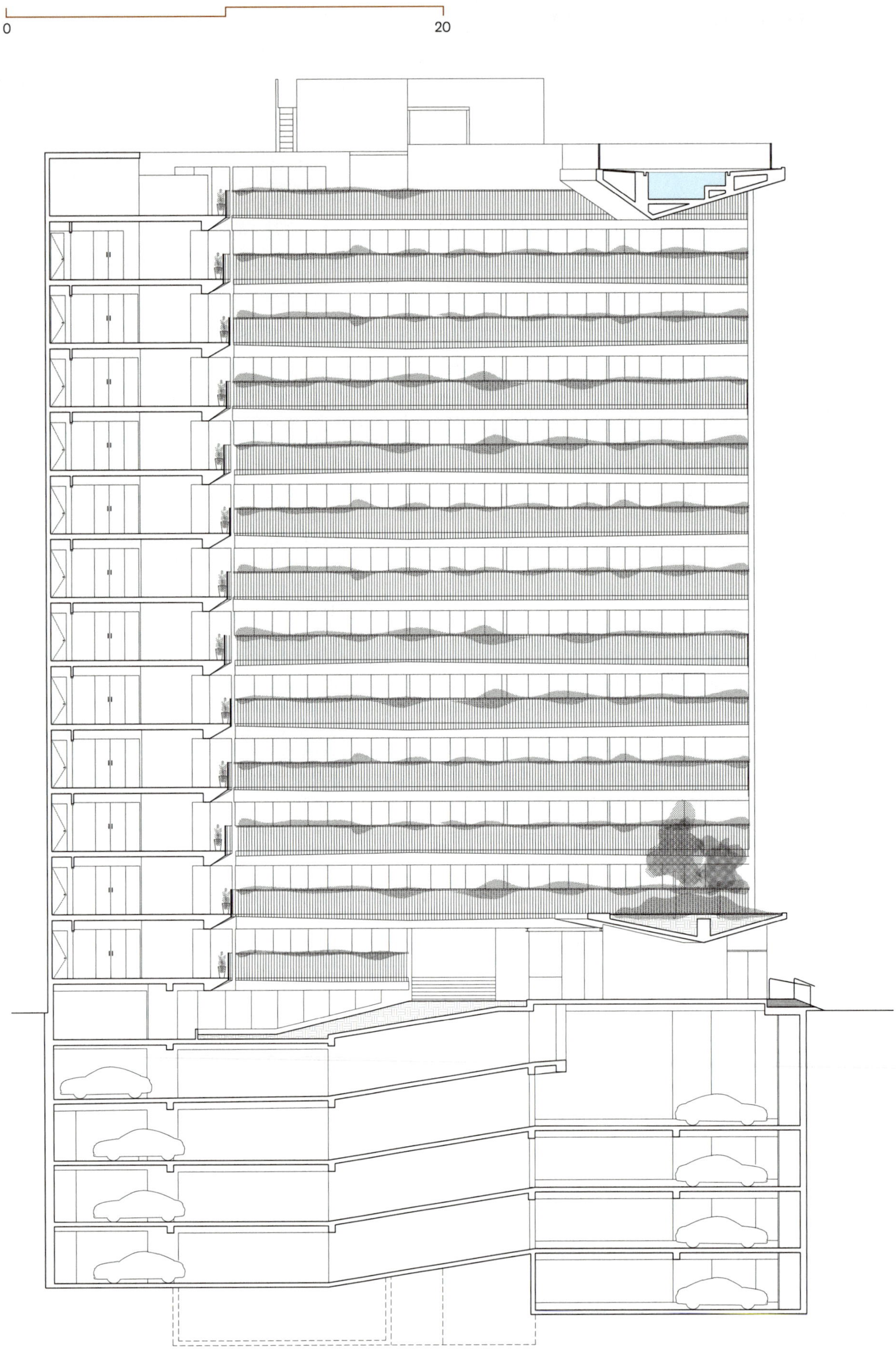
0
20

0
20

ALQUILER O VENTA
OFICINAS
571 7000
PARE

5020

5020

SCALES OF LANDSCAPE

ESCALAS DEL PAISAJE

Scales of landscape

Regardless of its scale, architecture tends to become configured as a landscape. This relates to its ability to create architecture through its use of voids: courtyards, gardens, etc. The beauty of ecological architecture expresses itself on its skin: its versatility, lightness, transparency, versatility, porosity...

Although scale cannot be achieved in many projects, the desire remains for a public space as the one to be enjoyed in the Verdea Building. There is a constant search for the communal and the interest in creating a harmonious relationship with the surroundings: the vocation for sustainability, the commitment to a holistic perspective.

In the works we have mentioned—over and above their scale—there is a clear intention to intervene by rebalancing and improving the surroundings. An awareness exists that the thinking and practice in relation to the city must completely change when considering the health of living beings and to plan greener cities, of proximity, to empower relationships between people in the neighborhoods and to lower the expenditure of limited resources. As the eco-feminist Alicia Puleo writes, "strategies of resilience for urban planning and resource management are now being designed." She also insists that "the science of ecology has taught us to consider nature in holistic terms and from the perspective of ecodependence" (*Claves ecofeministas. Para rebeldes que aman a la tierra y a los animales*, Plaza y Valdés, Pozuelo de Alarcón/Madrid, 2019, pp. 15 and 23).

This aim has been proposed in the Bakia Eco-Neighborhood (2015), a project in Trujillo. This masterplan is still on the drawing board but envisages residential blocks and high-rise towers, stores, and public facilities, with a focus on landscaping and urban sustainability. This urban design exists in the contradiction of an architecture that transforms and the ecological desire to respect biodiversity, taking the difficult path of authentic sustainability.

Two other public space and landscaping projects on this same scale are in the planning stages in Cusco: Plaza Andahuaylillas (2009) and Killa Park (2019), a multidisciplinary project with various layers of intervention in the ecotopes. This represents a manifesto of desires, intentions, and tools for future interventions.

Villa El Salvador (2021) are housing blocks designed to be built of wood and to facilitate the extension of living spaces. Apart from each unit's particular features, the eight-to-ten story blocks respond to the landscape: parks and gardens, wetlands, lake-reservoir, allotments, and green façades.

The project for the San Agustín National University Arequipa (2020) also focuses on adapting the complex to the local setting and climate, with a similar typology to the headquarters of the Economic Commission for Latin America and the

Escalas del paisaje

La obra arquitectónica, cualquiera que sea su escala, tiende a configurarse como un paisaje. Esto tiene que ver con la capacidad de conformar la arquitectura a partir de los juegos de vacíos: sistemas de patios, jardines, etc. La belleza de las arquitecturas ecológicas se expresa en la piel: su liviandad, transparencia, versatilidad, porosidad...

En muchos de los proyectos, aunque la escala no se pueda alcanzar, hay un deseo de espacio público, como el que se disfruta en el edificio Verdea. En cualquier escala siempre existe esta búsqueda de lo comunitario y de la sintonía con el entorno: esta vocación por el objetivo de la sostenibilidad, este compromiso con una perspectiva holística.

Sin duda, en las obras que comentamos, más allá de su escala, hay una intención de intervenir reequilibrando y mejorando el medio. Hay una conciencia de que el pensamiento y la práctica sobre la ciudad han de cambiar totalmente al considerar la salud de los seres vivos y proyectar ciudades más verdes, de proximidad, que potencien las relaciones entre las personas en los vecindarios y que ahorren en el gasto de recursos limitados. Como ha señalado la ecofeminista Alicia Puleo, "se empiezan a diseñar estrategias de resiliencia para la planificación urbana y la gestión de los recursos". También insiste en que "la ciencia de la ecología nos ha enseñado a pensar la naturaleza en términos holísticos y de ecodependencia" (*Claves ecofeministas. Para rebeldes que aman a la tierra y a los animales*, Plaza y Valdés, Pozuelo de Alarcón/Madrid, 2019, pp. 15 y 23).

Esta intencionalidad se ha planteado en el proyecto del Ecobarrio Bakia, en Trujillo (2015). Se trata de un *masterplan* pendiente de realización que prevé viviendas de bloques y torres, comercios y equipamientos, con acento en el paisajismo y la sostenibilidad urbana. Este proyecto urbano se sitúa en la contradicción de la arquitectura que transforma y la voluntad ecológica de respetar la biodiversidad, en los difíciles caminos de una sostenibilidad auténtica.

En esta escala de espacio público y paisaje hay otros dos proyectos pendientes en Cusco: la Plaza de Andahuaylillas (2009) y el Parque Killa (2019), un proyecto multidisciplinario, con diversas capas de intervención en los ecotopos. Todo un manifiesto de deseos, intenciones y herramientas para futuras intervenciones. En el libro se destacan los tres proyectos de escala paisajística más recientes y con más visos de ser construidos.

Los bloques de vivienda de Villa El Salvador (2021) se proyectaron para ser construidos en madera y facilitar que los habitáculos crezcan. Más allá de las cualidades de cada unidad, en los bloques de ocho a diez pisos, todo el conjunto se articula a partir del paisaje, en torno a parques y jardines, humedales, laguna-reservorio, huertos y fachadas verdes.

Caribbean (ECLAC), the large courtyard of the giant prism gives pride of place to a leafy garden, an interior landscape, an opening within the crown of sillar (the local volcanic stone from Arequipa) and concrete slabs with skylights.

In the final project described in this book, we faced the challenge of executing the large complex of the DM - Zorritos Hotel (2021) without causing a negative impact on the local ecology. In Tumbes, in northwestern Peru, on the coast closest to Ecuador with almost deserted beaches, a semi-circular complex of buildings gives structure to the resort's complexity.

The future projects, like these three, and the built works, clearly show that the route taken by René Poggione, Susel Biondi, and their team over the past twenty years has produced outstanding results, which express values and achieve objects, as recorded in this book. However, they are only half way along their path: much remains to be done, explored, expanded, and experimented with.

El proyecto para la Universidad Nacional de San Agustín de Arequipa (2020) también insiste en la adaptación del conjunto al medio y el clima. Con un tipo similar a la sede de la Comisión Económica para América Latina y al Caribe, de Emilio Duhart, en Santiago de Chile, el prisma gigante potencia en su gran patio un frondoso jardín, un paisaje interior, un claro dentro de la corona de muros de sillar —la piedra volcánica arequipeña— y losas de hormigón con lucernarios.

Para culminar el libro, se presenta el difícil reto de hacer el gran conjunto del Hotel DM - Zorritos (2021) sin impactar las características ecológicas del entorno. En Tumbes, en el noroeste de Perú, en la costa más cercana a Ecuador con playas casi inhabitadas, un cluster semicircular organiza la complejidad del resort.

Los proyectos por venir, como estos tres, y las obras ya ejecutadas dejan claro que el camino recorrido por René Poggione, Susel Biondi y su equipo en estos veinte años tiene resultados cualificados, que expresan valores y consiguen objetivos, como se plasma en este libro. No obstante, ésta es sólo la mitad del camino: queda mucho por hacer, recorrer, ampliar y experimentar.

Public space, landscaping, and sustainability are concepts, experiences, and creations interlinked in your work. How do you conceptualize and relate to these aspects?

René Poggione We live in a country with a history of more than five thousand years of construction of urban spaces, landscapes, and territories, built around large-scale agricultural projects, linked to administrative centers or places of worship by a vast network of roads. The different cultures that inhabited this country modified the land through their roads, paths, and above all their irrigation canals. These marks have produced a very important cultural landscape throughout the territory...

Susel Biondi ... territory with a nature through which this second nature is being built, these cultural landscapes in which we are immersed. This previous nature, particularly in Peru, is multiple and diverse: it consists of jungles (which are varied in themselves), mountains of different elevations (from narrow valleys incrusted in-between to plateaus and high peaks), tropical and subtropical coastlines, dry forests and vast desert landscapes interrupted by small coastal valleys with seasonal rivers. These are all fragile ecosystems, and they all bear marks of human interactions over the years, from which we must learn.

RP Seeing Peru from the air reveals a series of layers of interventions, one after another, and this leads us to believe that our work provides other layers that become an active part of this constantly changing landscape. I come from Luján, a small city surrounded by the pampa near Buenos Aires, an agricultural landscape with vast, green, infinite horizons that are only interrupted by the occasional clump of trees or a water mill. The encounter with the Peruvian desert, with the desert light at five o'clock, made an important impact on the construction of my own gaze.

Therefore, both in the projects of public space which we designed but are not yet built, and in each building, we focus on the relationship with the ground, that modified soil over the years, and with that sky of so many unique lights and a broad range of shadeless grays. I'd like to recall Borges again: "'The twilight of the dove'" the Hebrews called the fall of evening, when darkness does not yet follow our steps."

SB I think that in Peru, a phenomenon took place that eroded the importance of public spaces. We lived through a period of violence when people took refuge in their homes and the streets became trenches, and sadly we lost places where people could meet publicly. Streets became somewhere to pass through as quickly as possible. Public space was perceived as unsafe. Unfortunately,

Espacio público, paisaje y sostenibilidad son conceptos, experiencias y realizaciones que se entrelazan en vuestra obra. ¿Cómo lo conceptualizáis y cómo lo relacionáis?

René Poggione Vivimos en un país con más de 5000 años de construcción del territorio, paisajes y espacios urbanos, generalmente implantados en torno a una agricultura de gran escala, articulados a centros administrativos y de culto mediante una extensa red de caminos. Las diferentes culturas que habitaron este país fueron modificando el suelo con andenerías, caminos y, sobre todo, canales de irrigación. Estas huellas han generado un paisaje cultural muy relevante en todo el territorio...

Susel Biondi ... Territorio con una naturaleza a partir de la cual se construye esta segunda naturaleza, estos paisajes culturales en los que estamos inmersos. Esta naturaleza previa es, en especial en el Perú, múltiple y diversa: compuesta por selvas —también varias y diversas entre sí—, sierras de diferentes pisos altitudinales —desde estrechos valles incrustados entre montañas, pasando por mesetas del altiplano, hasta las cumbres de la cordillera— y costas tropicales y subtropicales, con bosques secos y extensos desiertos interrumpidos por pequeños valles costeros de ríos estacionales. Todos son ecosistemas frágiles y en todos hay vestigios de interrelación humana a lo largo del tiempo, de los que debemos aprender.

RP Mirar al Perú desde el aire hace descubrir una serie de capas de intervenciones, una tras otra, y eso nos hace pensar que las nuestras son otras capas que se van integrando y operando en este paisaje en perpetuo cambio. Vengo de Luján, una ciudad pequeña, rodeada por la pampa bonaerense, un paisaje agrícola de horizontes amplios, infinitos y verdes, apenas modificados por un conjunto de árboles o un molino de agua. El encuentro con el desierto peruano, con la luz de las cinco de la tarde del desierto, fue muy impactante y trascendental en la construcción de mi propia mirada.

Entonces, tanto en los proyectos de espacios públicos —que hemos realizado aunque no construido— como en cada obra, la atención está puesta en la relación con el suelo, ese suelo modificado a lo largo de la historia, y con ese cielo con tantas luces particulares y una amplia gama de grises sin sombras. Aquí otra vez recuerdo a Borges cuando dice: "Penumbra de la paloma llamaban los hebreos a la iniciación de la tarde cuando la sombra no entorpece los pasos".

SB Creo que en el Perú ocurrió un fenómeno en el que el espacio público como tal perdió su lugar. Vivimos unos años de violencia en los que la gente se refugió

despite living with a certain degree of security and calm for the past several years, the role of public space has not fully recovered. Given this situation, our projects have always faced onto the street, to become a part of it, to create a dialogue. We try to provide seating, shade, an oasis for people to stop and greet one another, have a conversation, enjoy. If it's not possible with a space, at least we try to do the same with façades, walls, pavements. These are conditions of projects that seek to be careful and sensitive to their context and, hopefully, add beauty to that second nature.

In relation to the satisfaction and dissatisfaction of recognition shown toward private works of architecture, widely accepted by clients and users, and also present in architecture magazines and the media, do you consider that recognition in academia is still lacking?

SB Society does not recognize this work enough. The understanding that architects seek the common good, the individual good, the planetary good. We are professionals dedicated to service. I don't think people understand this. The perception is that our primary goal is to receive external recognition for an original form and not the recognition of the person who experiences the building (directly or indirectly) and appreciates the quality that we have worked so hard to achieve.

RP Sometimes it seems that academia finds it simplest to highlight exceptional projects, understood as those developments produced with extraordinary programs or budgets, in highly specific locations or circumstances. And of course they also have their iconic value and are needed. However, this situation seems to be changing due to shifting interests and the culture of epochs, as evidenced by Pritzker Prize winners and Ibero-American biennials in recent years.

As for our work, in our dual role as running a studio and teaching architecture, we are very keen on the idea of "well-made" constructions: built to last, built to form part of a natural or urban context instead of being essentially self-referential, to make it sensitive to the small things happening around it, paying attention to scale and cultural aspects. The project, like people, is ultimately about itself and its circumstances.

We try to make our projects congruent with our way of thinking as citizens, in caring for this spacecraft in which we live, in other words, working on small-scale projects that in some way are on the right path and hopefully influence others, who in turn give inspiration themselves, forming a virtuous circle.

en sus hogares y la calle se convirtió en trinchera, y lamentablemente perdió su condición de lugar de encuentro para ser un lugar sólo de paso y de la manera más rápida posible. El espacio público se percibía como inseguro. Desafortunadamente, a pesar de vivir en una cierta condición de seguridad y calma hace ya varios años, el papel del espacio público no se ha recuperado del todo. Ante esto, nuestros proyectos siempre buscan volcarse hacia la calle, ser parte de ella, generar un diálogo. Buscar hacer la banca, el espacio de sombra, el remanso que invite a parar y saludarse, conversar, disfrutar. Si no es posible con un espacio, al menos con la fachada, el muro, el pavimento. Condiciones de un proyecto que intenta ser cuidadoso y sensible con el contexto y, ojalá, aportar a la belleza de esa segunda naturaleza.

En relación con la satisfacción e insatisfacción del reconocimiento hacia la arquitectura privada, bien aceptada por los clientes y usuarios, y a la vez presente en las revistas de arquitectura y en los medios de comunicación, ¿consideráis que aún falta el reconocimiento de la academia?

SB Falta más reconocimiento de la sociedad. Entender que las y los arquitectos buscamos el bien común, el bien individual, el bien planetario. Somos profesionales con vocación de servicio. No creo que eso se entienda. La percepción es que nuestra primera motivación es el reconocimiento externo a una forma original y no el reconocimiento cercano de quien habita —directa o indirectamente— y se siente agradecido por una cierta calidad que con mucho esfuerzo intentamos brindar.

RP A veces parece que a la academia le resulta más sencillo destacar los proyectos excepcionales, entendidos como proyectos hechos bajo programas, economías, lugares o circunstancias excepcionales. Y claro que tienen su valor icónico y hacen falta. Sin embargo, esto parece que se está modificando en torno a los cambios de los intereses y la cultura de las épocas, como se está viendo en los ganadores del Premio Pritzker y las bienales iberoamericanas de los últimos años.

En cuanto a nosotros, en esta doble condición de llevar un estudio profesional y ser docentes de arquitectura, nos interesa mucho trabajar en la idea base de "lo bien hecho": hecho para que dure, hecho para que sea inserto en un contexto natural o urbano, para que no sea fundamentalmente autorreferente, para que esté atento a las pequeñas cosas que pasan en su entorno, cuidando las relaciones escalares y culturales. El proyecto es, finalmente, igual que las personas, él mismo y sus circunstancias.

Tratamos que los proyectos que hacemos sean congruentes con nuestro modo de pensar como ciudadanos en el cuidado de esta nave espacial que habitamos, es decir, haciendo actos en pequeña escala que de algún modo colaboran en el buen camino y que, con suerte, influyan en otros, y otros en otros, como un círculo virtuoso.

NACIONAL SAN AGUSTIN

Universidad Nacional de San Agustín de Arequipa

Majes, Arequipa, Perú | 4528 m² | 2019-2020
16° 19' 37" S, 72° 11' 25" W | 1470 msnm / 1470 m.a.s.l.
Continental templado / Temperate continental
Cliente / Client | Urbi – YURA-GLORIA – UNSA
Modalidad / Project type | Obras por Impuestos / Infrastructure-for-Taxes Scheme
Ingenierías / Engineering | PRAXIS, Deustua

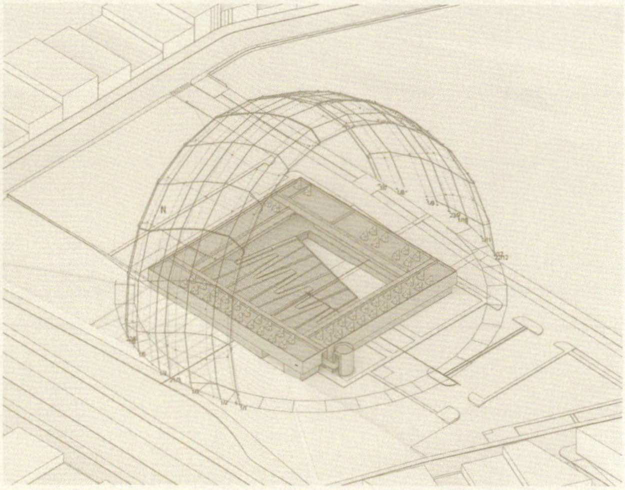

The San Agustín National University Arequipa (UNSA), in the district of Majes, El Pedregal, Arequipa, is a project developed as part of a Peruvian tax payment program. It is located 1470 m.a.s.l., 100 kilometers west of Arequipa, in an extremely dry temperate climate with high levels of solar radiation.

The project has a simple program: teaching rooms, offices, auditorium, library, cafeteria, and services, all distributed in a square, two-story pavilion with a central garden. As in any project for contemporary education, the project's ultimate aim is to provide spaces where pupils and teachers can meet, leading to unforeseen uses and the interaction that is essential for university life.

With a 4-meter level change from both ends of the plot, a two-story cloister was designed around a sloping courtyard with walkways, connecting both levels: the upstairs teaching rooms, with universal access from the upper part of the courtyard, and the main entrance, offices, and other areas on the ground floor.

In the shadow of Peruvian pepper trees, with a line of water zig-zagging from the upper part to a reflecting pool at the entrance level, this courtyard generates a microclimate in this extremely arid area of Majes. These landscaping and bioclimatic strategies complement some teaching rooms and spaces that are naturally ventilated and benefit from overhead lighting through elevated openings oriented to prevent the entry of solar radiation, and some galleries shaded by generous overhangs.

The building itself is a contemporary courtyard evocative of the exquisite courtyards in the historic mansion which contains the University's offices and teaching spaces in the city of Arequipa. For the project we found inspiration in the compact and stony soil and intense light of Majes. Stone taken from the site itself was used as part of the plastering of the walls for building's base. The white volcanic *sillar* rock came from Arequipa.

La sede de la Universidad Nacional de San Agustín de Arequipa (UNSA), en el distrito de Majes, El Pedregal, Arequipa, es un proyecto desarrollado en la modalidad de obras por impuestos. Se encuentra a 1470 msnm, a 100 km al oeste de Arequipa, en un clima templado de extrema aridez y elevada radiación solar.

El proyecto consta de un programa sencillo: un conjunto de aulas, zonas administrativas, auditorio, biblioteca, cafetería y servicios, organizado en un pabellón cuadrado de dos pisos, con un jardín central. El verdadero programa que buscamos armar, como todo proyecto de educación contemporáneo, es la disposición de los espacios de encuentro entre los alumnos y los profesores, que dan paso a los usos no previstos y a la interacción fundamental para la vida universitaria.

A partir del desnivel de 4 m entre los extremos del terreno, se plantea un claustro en dos pisos que confina un patio en pendiente, con andenerías, que conecta ambos niveles: las aulas arriba, con acceso universal desde la parte alta del patio, y el ingreso principal, la administración y otros ambientes en el nivel cero.

A la sombra de molles serranos, con una línea de agua que corre en zigzag desde arriba hasta un espejo en el nivel de ingreso, este patio genera un microclima en medio de la extrema aridez de esta zona de Majes. Complementan estas estrategias paisajísticas y bioclimáticas unas aulas y espacios que se ventilan de manera natural y se inundan de luz cenital a través de teatinas orientadas para evitar el ingreso de radiación, y unas galerías protegidas por generosos aleros.

El edificio en sí es un patio que rememora de modo contemporáneo los patios exquisitos de la gran casona histórica que alberga la Sede Central de la Universidad en la ciudad de Arequipa. De Majes tomamos su suelo compacto y pedregoso y su luz intensa. Es con la misma piedra del terreno que se hace el enlucido de los muros del zócalo del edificio. De Arequipa tomamos el sillar, piedra blanca volcánica local.

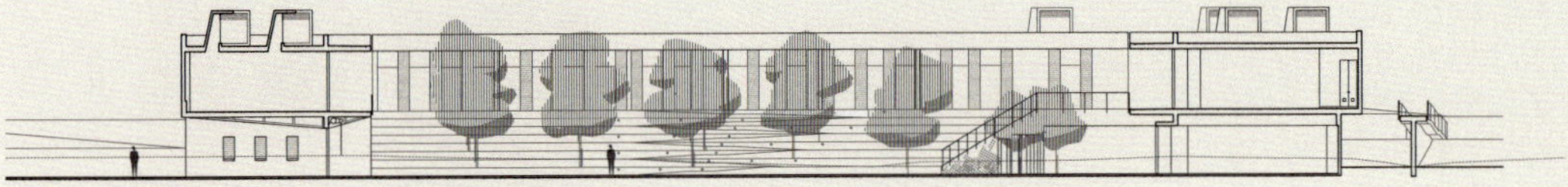

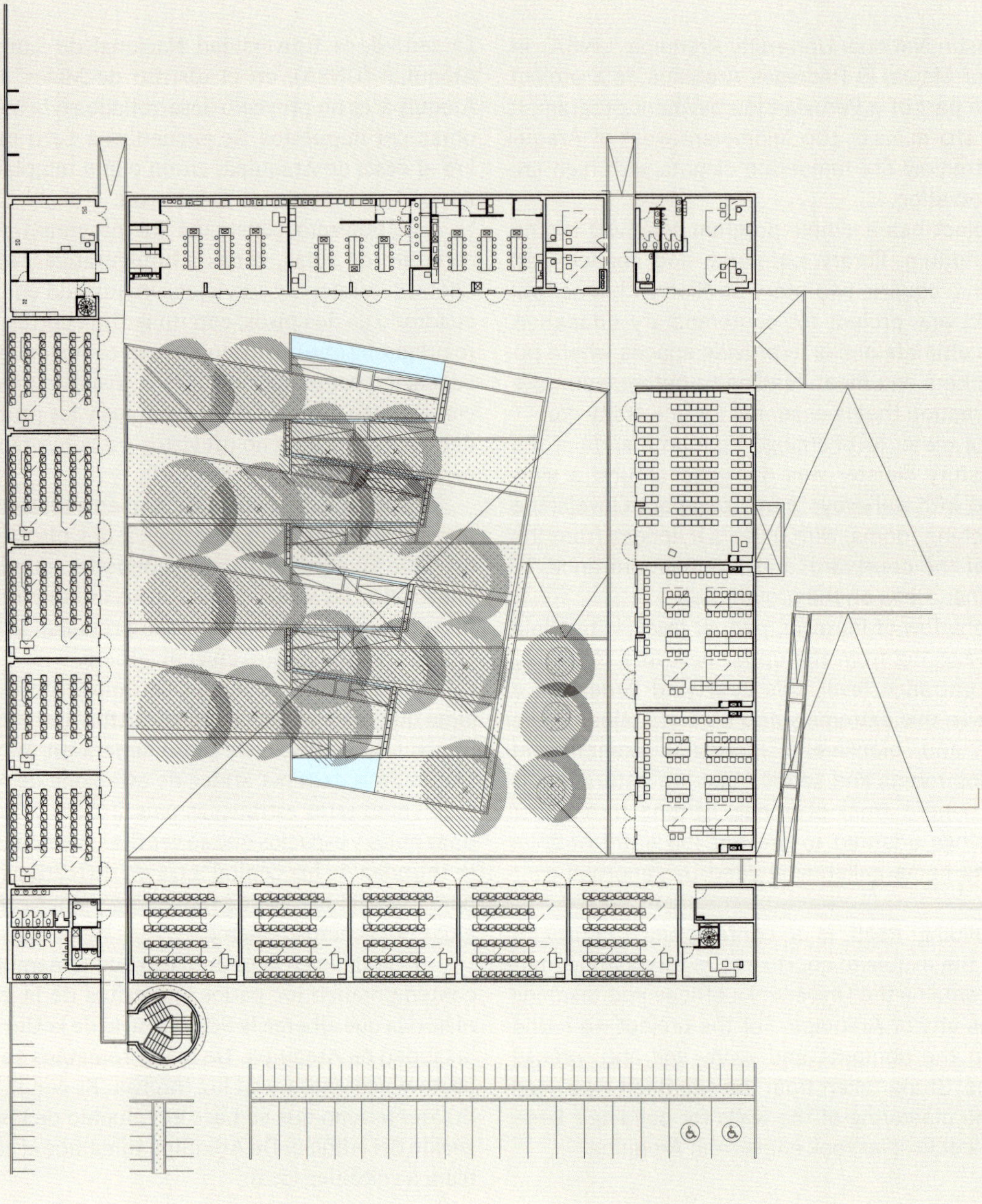

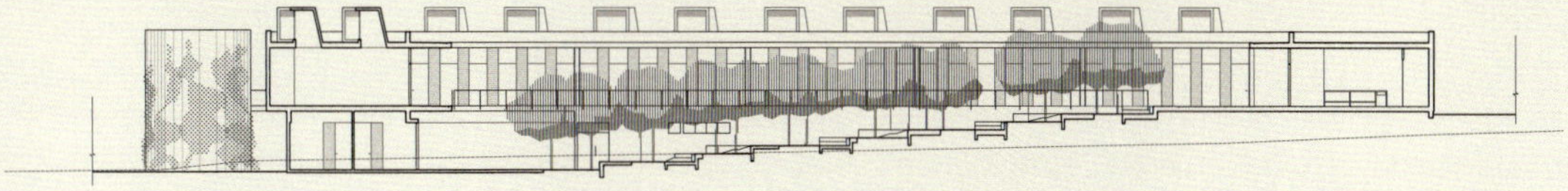

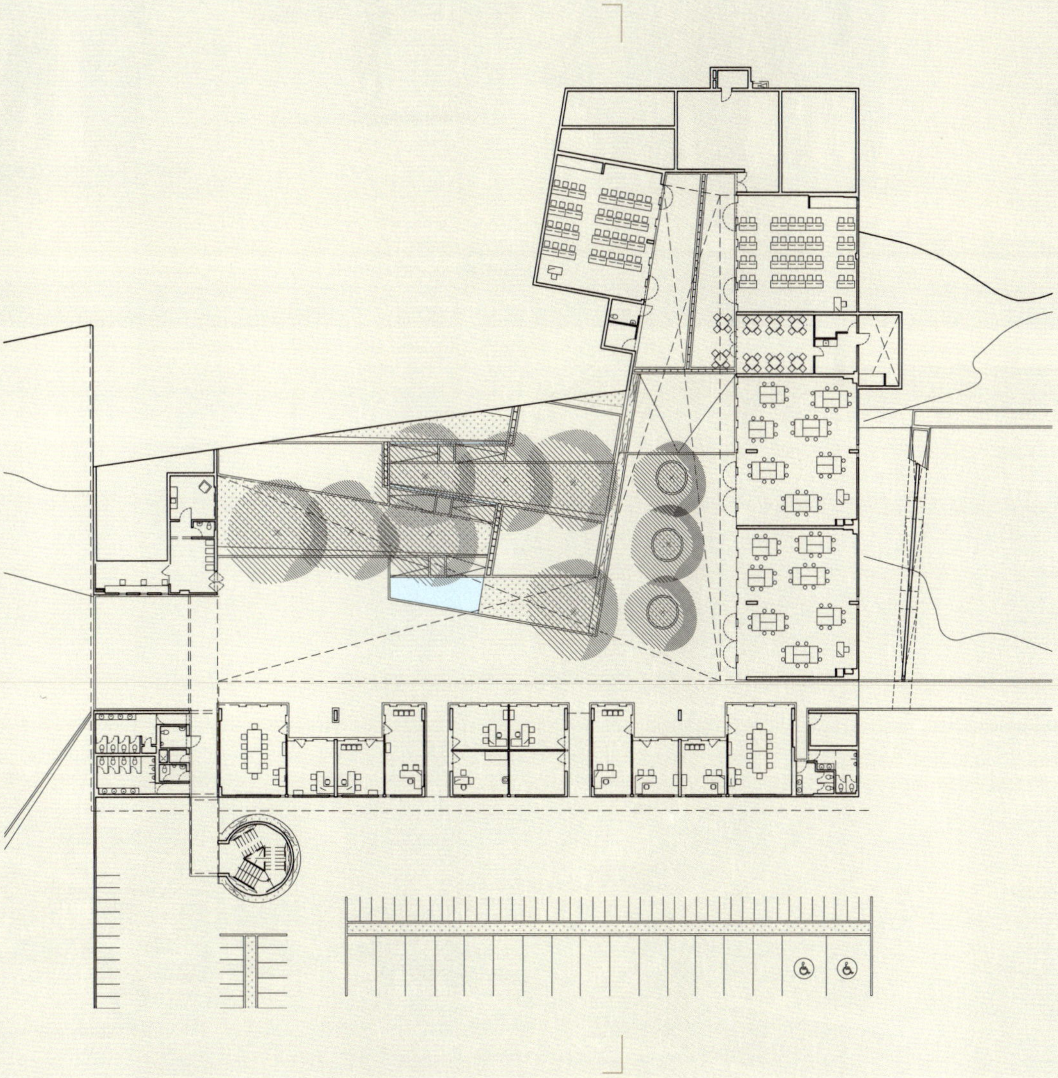

SIDAD NACIONAL SAN

AGUSTIN

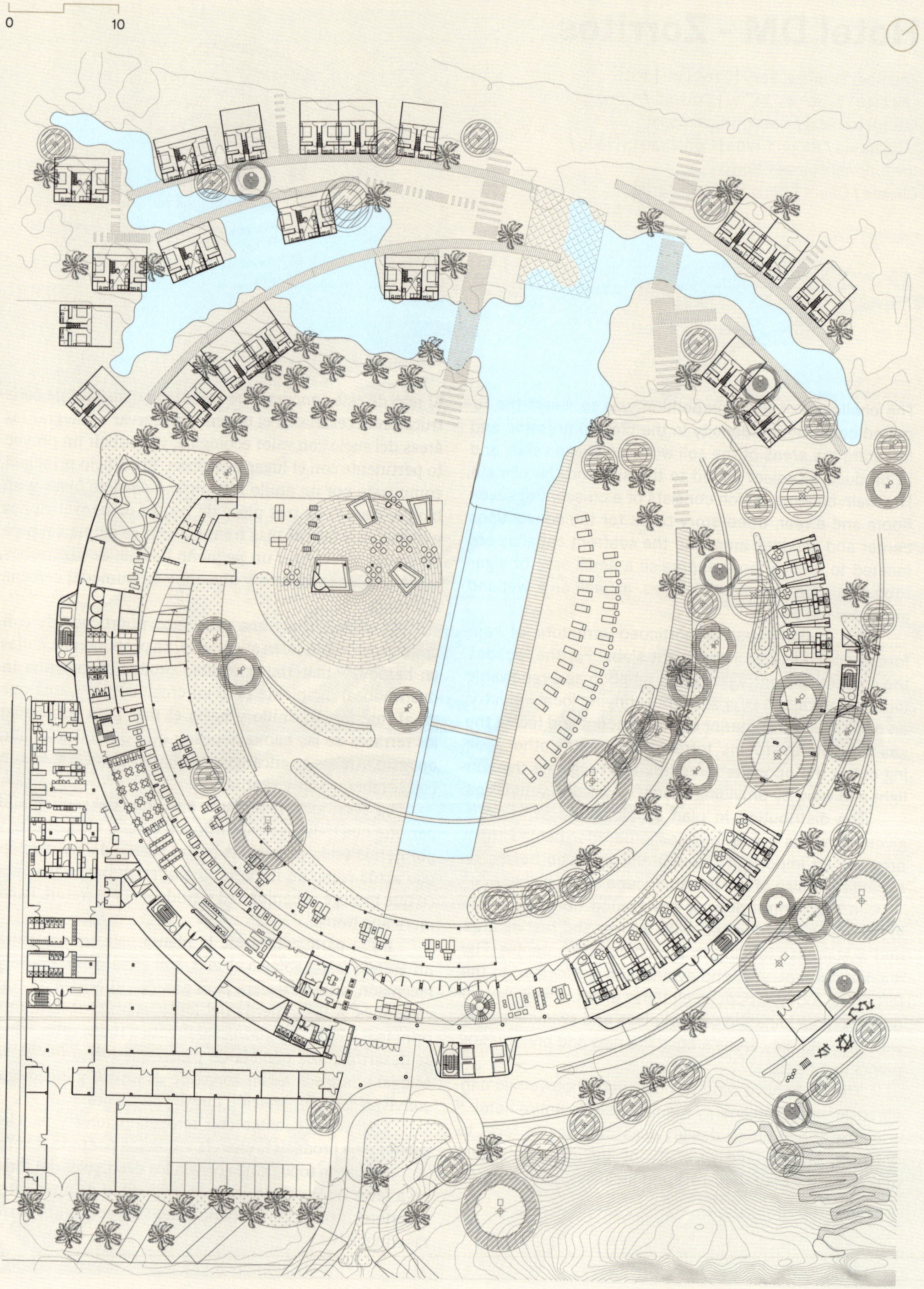
0
10

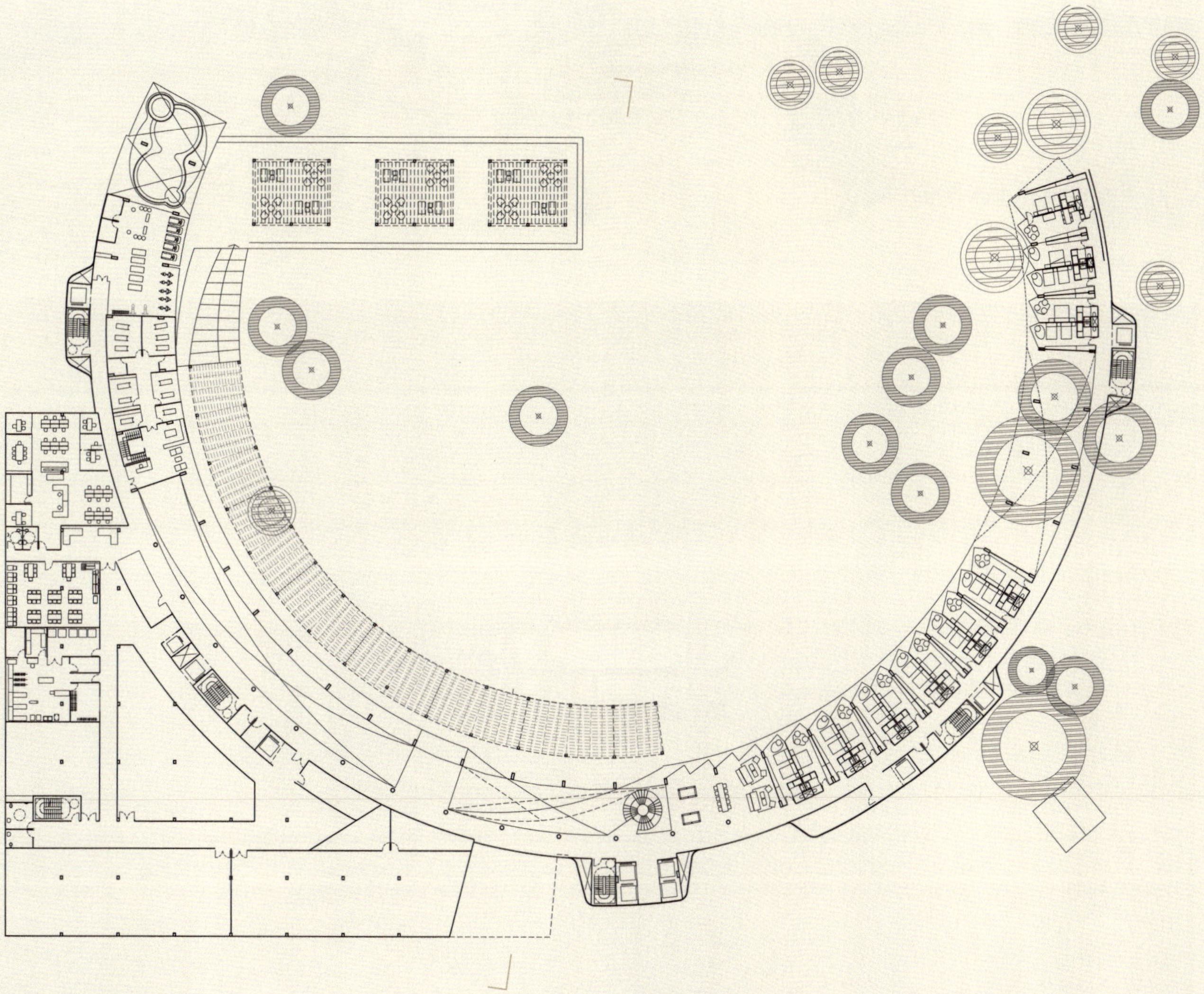

DM
ZORRITOS
BEACH

out to intensify the interiors, which boast planes of Barragan-esque color, and to modulate the landscape outside for the inside; secondly, it accepts that the architecture should provide a respectful backdrop to a magnificent collection of unique handcrafts. It might seem that this creates a house-museum, but it strikes me that the decision to use discreet finishes achieves a pairing between spaces and the collection of art objects, ensuring that the house remains a home. Moreover, the landscape framed and revealed by the house is an eclectic mix of cultural settings, both pre-Hispanic and colonial, and the result could be described equally as a modern residence which is also a Peruvian home.

In another example of using concrete blocks, House in the Water, in Villa, also employs a neutral setting of gray planes that highlight the furniture and decorations. The project is conceived as a theatrical vision of the surrounding landscape, which stands out by integrating water as the material in a pool that takes center stage and by capturing light using traditional clerestories.

Discretion is integral to their other works, such as the subtle dialogue between a wooden pergola and brightly colored walls in the Pucusana School, or the atrium parti for a building commissioned by the San Agustín National University Arequipa, Majes Campus, which is defined by a blunt modulation of bands cladding the teaching rooms and an ingenious sculpting of the ground level, which slopes down the terrain to reach a double height at the lowest part of the complex.

In other cases the landscape becomes the core of the project. In the Killa Park development, the landscape becomes transformed in its interpretation and in organizing its circulations and uses. This project displays the intention of peeling away the layers that define the natural-historical construction of a landscape in which, I should add, reflects part of Susel's methodological analysis in her PhD thesis. This creatively resolved the design of the land and cartography with the complete analysis—and eventual re-project or meta-project—of the Lurín river valley. The bioclimatic and environmental interests of her doctoral research, completed in 2009, also became applicable for sustainable designs, as in the Santa Eulalia and Westfield residences, which include various energy-saving and waste-recycling systems. Perhaps Susel has somehow inherited an interest in natural elements and biodiversity from her grandfather, Santiago Antúnez de Mayolo, who became well-known for his work on these same issues.

Poggione+Biondi's interest in the environment and sustainability, and their willingness to use all available technology, as well as the most effective solutions to minimize the need for it, lies at the root of many of their projects. Their firm has managed to go beyond those studios that pay lip-service to this fashionable issue; they deliver concrete results, such as in the treatment of the finishes in the Verdea Residential Building in order to achieve the parameters of the use of organic compounds that can filter air, or emission ducts that handle gases and heat in a closed building and screened from the exterior, armed with a metal skeleton that opens up to an large green space. INCOR Hospital, beyond the symbolic and strident repetition of red on some of its main planes, rises up as a solid example of a bioclimatic strategy by creating a comfortable temperature almost exclusively using efficient natural ventilation and minimizing mechanical air conditioning systems. This brings in generous amounts of air in transitional and circulation spaces, as well as some concealed but energy-smart resources such as the so-called Canadian Wells.

tema es una casa-museo, pero me parece que la resolución de organizar envolventes discretas consigue un maridaje entre los espacios y la acumulación de objetos de arte, que garantiza que la casa sea plenamente habitable. Además, el paisaje que la casa enmarca y descubre es una variada panoplia de paisajes culturales, precolombinos y coloniales, y el resultado bien podría tildarse de una casa moderna que es a la vez una casa peruana.

Recurriendo al mismo motivo de los bloques de concreto, la Casa en el Agua, en Villa, vuelve a instalar la escenografía neutra de planos grises que hoy son el fondo del mobiliario, los ornamentos y una abundante vegetación. El proyecto se concibe como teatro de visión del paisaje circundante, que destaca al integrar el agua como material en una piscina de enorme protagonismo y al capturar luz mediante el tradicional recurso de las teatinas.

La discreción aflora en otros trabajos, como el escueto motivo de diálogo entre una pérgola de madera y los muros de colores encendidos en la escuela Manuel Scorza, en Pucusana, o la adopción de un partido en atrio para resolver la obra de la Universidad Nacional de San Agustín de Arequipa, Sede Majes, que se define por una modulación chata de las cintas envolventes de las aulas y un ingenioso labrado de la cota cero, que declina en la pendiente de terreno para alcanzar doble altura en la linde más baja del conjunto.

En otros casos, el paisaje es la materia del proyecto. En el diseño de conjunto del Parque Killa, el paisaje se trasmuta al interpretarlo y organizar sus modos de recorrido y uso. Aparece la intención de desmembrar las capas que definen la construcción histórico-natural de un paisaje en el que, debo decir, resuena parte de la metodología de análisis que Susel desarrolló en su tesis doctoral. Ahí aportó una creativa resolución de diseño territorial y cartografía con el análisis completo —y eventual reproyecto o metaproyecto— del valle del río Lurín. Los intereses bioclimáticos y ambientales de su investigación doctoral, concluida en 2009, también resultaron aplicables a diseños sustentables, como los de las casas Santa Eulalia y Campo Oeste, que incluyen variadas soluciones en cuanto a ahorro energético y reciclaje de residuos. Quizá Susel provenga de cierto linaje interesado en lo natural y la biodiversidad, pues esos temas le dieron prestigio público al trabajo de su abuelo, Santiago Antúnez de Mayolo.

El interés de Poggione+Biondi por lo ambiental y sustentable, y la voluntad de usar toda la tecnología disponible y extremar soluciones eficaces que minimicen el soporte tecnológico están en la raíz de muchos de sus trabajos. Es uno de los despachos que superó lo retórico de este tema de moda con resultados concretos, como en el edificio multifamiliar Verdea, donde la elección de acabados y equipos con parámetros de emisiones de gases cuida la calidad del ambiente interior y la salud de sus habitantes, en un edificio cerrado al exterior y con una contrafachada de esqueleto metálico que se abre a un generoso espacio verde, o el hospital INCOR que, más allá de la simbólica y estridente recurrencia del color rojo de algunos de sus planos relevantes, se erige en una sólida muestra de bioclimatismo al resolver su confort térmico casi exclusivamente con buenas ventilaciones y utilización mínima de energías termomecánicas de acondicionamiento. Esto proporciona una solución aireada, generosa en espacios de transición y movimiento, más allá de algunos recursos ocultos pero energéticamente saludables, como el uso de los llamados pozos canadienses.

El centro de distribución de Backus, en Piura, parte de una estructura y una cubierta abiertas, en las que prevalece la liviandad esquelética del armazón y su ape-

de Lima, with almost five hundred thousand square meters, or a certain possibility of producing lightweight morphologies, whose claddings contain significant voids that propose solutions that are different to highly standardized programs, such as the You5020 building, with its full-scale courtyard completed as a setting of green balconies planted with bamboos.

As a coda, we should return to the studio's residential projects, which give the architects their greatest freedom, the possibility of blending geometry and landscape, although always kept in respectful suspense so that each user can easily live in them. In the Westfield House, in Cieneguilla, baptised by the architects as their Miesian house, three volumes of glass-and-metal blocks show configurations of the nearby landscape, while evoking agricultural furrows, and in the distance, the mountain vegetation. In U House, in Las Arenas, they express the need to reveal the formal autonomy of a desert residence. The object appears like a crustacean whose life depends only on its interior. When the project is a reading of pre-existing elements, it accepts forms, opens up spaces or covers claddings, such as the two remodelling projects of the BachLju (La Molina, 2016) and SilfBo (Miraflores, 2014) houses, in which the geometry adds order and introduces landscape elements.

This could provide a final key to this long series of varied interventions, from small-scale and almost rural projects to complex, metropolitan interventions. The trust in their organizational capacity to seek a rational and geometric spatial and structural order is the starting point that is later softened and adapted in order to multiply the immediate perception, or not, of the landscape, at the same time as contemplating a bioclimatic idea that understands and makes use of that landscape.

Geometry twists, adapts, or becomes invisible to become the result of climatic conditions or ambiences—as Juhani Pallasmaa wrote—all focused on receiving a unique or singular user in a home, or typologically in the offices or hotel building, in order to find completeness and quality in its inhabitation.

significativos que proponen soluciones diferentes a programas muy estandarizados, como en el You5020, con un patio de escala total armado en una escenografía de balcones verdes poblados de bambúes.

Para una coda, volvemos al tema de las casas. Ahí parece aflorar su mayor libertad, la posibilidad de congeniar geometría y paisaje, aunque siempre en un suspenso respetuoso para no afectar la habitabilidad concreta de cada usuario. En la mencionada Campo Oeste, en Cieneguilla, bautizada por ellos como la casa miesiana, tres volúmenes de bloques de acero y cristal presentan configuraciones del paisaje cercano, como la alusión a los surcos de siembra, y lejano, como la vegetación serrana. En la Casa U, en Las Arenas, está la necesidad de extremar la autonomía formal de una casa del desierto. El objeto asemeja un crustáceo cuya vida sólo depende de su interior. Cuando el proyecto es una lectura de lo existente, acepta formas, abre espacios o cubre envolventes, como las dos intervenciones de remodelación y reformas de las casas BachLju (La Molina, 2016) y SilfBo (Miraflores, 2014), en las que la geometría agrega orden e inaugura disposiciones del paisaje.

Allí podría situarse una clave conclusiva de esta larga serie de intervenciones variadas, desde proyectos pequeños y casi rurales, hasta complejos y metropolitanos. La confianza en su capacidad organizativa de procurar un orden espacial y constructivo racional y geométrico es el punto de partida que luego se ablanda o flexibiliza en la vocación de multiplicar la percepción, inmediata o no, de lo paisajístico, al mismo tiempo que abarca una concepción bioclimática que entiende y usufructúa ese paisaje.

La geometría se tuerce, se adapta o se invisibiliza para tornarse producción de climas o atmósferas —como valoraba Juhani Pallasmaa—, todo destinado a acoger a un usuario único o singular en una casa, o tipológico en una oficina o un hotel, para que encuentre plenitud y calidad en su habitar.

Catálogo de obras
Catalog of works

1

Edificio Heidi Abel

Cliente / Client | Ciudad de Zúrich / City of Zurich
Modalidad / Project type | Concurso público / Public competition
Ubicación / Location | Zurich-Seebach, Suiza / Seebach, Zurich, Switzerland
Área construida / Construction | 12 107 m²
Área de terreno / Plot | 5 189 m²
Proyecto / Project date | 2022
En asociación con / In association with | Wild-Stark Architekten

Estrategias aplicadas | todos los departamentos con vistas a mínimo dos orientaciones diferentes / PVs en techos / ventilación con recuperación de calor / calefacción con biomasa / estructura de madera y tabiques de tierra compactada / Applied strategies | each apartment has views in at least two directions / rooftop PV panels / heat recovery ventilation / heating with biomass / wooden structure and compressed earth panel walls.

2

Facultad de Artes escénicas PUCP

Cliente / Client | Pontificia Universidad Católica del Perú
Modalidad / Project type | Concurso / Competition
Ubicación / Location | San Miguel, Lima, Perú
Área construida / Construction | 10 800 m²
Área de terreno / Plot | 3 370 m²
Proyecto / Project date | 2022
En asociación con / In association with | Tandem / Michelle Llona

Estrategias aplicadas | piel exterior como filtro solar y barrera aerodinámica / sistema de atenuadores sísmicos / ventilación con geotermia de superficie / primer Edificio Neto Cero del Campus PUCP / Applied strategies | outer skin as a shading and aerodynamic device / innovative seismic protection / surface geothermal ventilation / first net-zero energy building on campus.

3

UPAO Sede Trujillo

Cliente / Client | Universidad Privada Antenor Orrego
Modalidad / Project type | Proyecto privado / Private commission
Ubicación / Location | Trujillo, Perú
Área construida / Construction | 8 656 m²
Área de terreno / Plot | 9 420 m²
Proyecto / Project date | 2021-2022
Construcción / Completion date | En proceso / Under construction

Estrategias aplicadas | generación de área verde como lugar de encuentro universitario / construcción con madera / diseño bioclimático para ventilación natural / paisajismo con especies locales / Applied strategies | green area generation to create meeting places / wooden construction / bioclimatic design for natural ventilation / landscaping with local species.

4

Hotel DM - Zorritos

Cliente / Client | Derrama Magisterial
Modalidad / Project type | Concurso privado / Invitational competition
Ubicación / Location | Zorritos, Tumbes, Perú
Área construida / Construction | 22 700 m²
Área de terreno / Plot | 29 932 m²
Proyecto / Project date | 2021

Estrategias aplicadas | zonificación acústica / vista al mar desde todas las habitaciones/ envolvente de bambú local para sombra y ventilación natural / protección y refuerzo de ecosistemas existentes / energía eólica y paneles PV / Applied strategies | traffic noise mitigation plan / sea views from every room / locally sourced bamboo skin offers shading and natural ventilation / protection and strengthening of existing ecosystems / wind and PV energy.

5

Vivienda social "Construye para Crecer"

Cliente / Client | Fondo Mivivienda
Modalidad / Project type | Concurso vivienda social - Mivivienda / Competition
Ubicación / Location | Villa El Salvador, Lima, Perú
Área construida / Construction | 68 265 m²
Área de terreno / Plot | 19 240 m²
Proyecto / Project date | 2021
XIX Bienal de Arquitectura Peruana, primer premio, categoría Arquitectura sostenible / First Prize, Sustainable Architecture

Estrategias aplicadas | estructura y elementos no portantes en madera nacional certificada / recuperación y tratamiento de agua, paisajismo local, área verde productiva / ventilación e iluminación natural / termas solares y paneles PV / extractores eólicos / viviendas expandibles / áreas comunes de usos flexibles / zócalo urbano de usos mixtos / Applied strategies | certified national wood used for structure and partitions / water recovery and treatment, local landscaping, productive green area / natural ventilation and lighting / solar heaters and PV panels / turbine roof vents / expandible housing units / loose-fit communal areas / mixed use ground level.

6

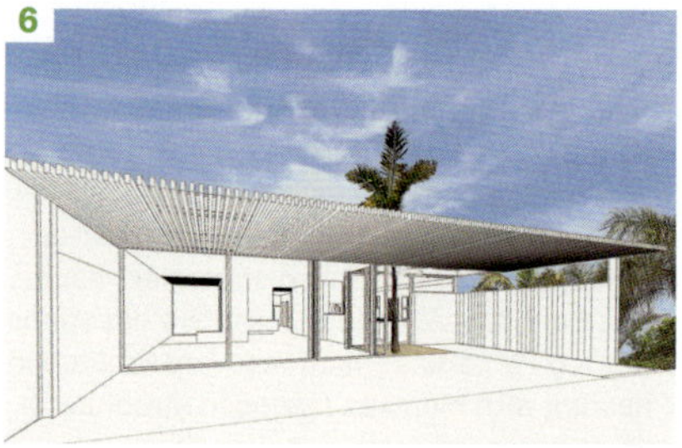

Casa AA

Cliente / Client | Familia Walther / Walther Family
Modalidad / Project type | Proyecto privado / Private commission
Ubicación / Location | Playa del Golf, Asia, Lima
Área construida / Construction | 288 m²
Área de terreno / Plot | 360 m²
Proyecto / Project date | 2020
Construcción / Completion date | 2021

Estrategias aplicadas | remodelación mínima de casa existente / terraza con sombra frente a fachada oeste / ventilación cruzada / celosía pesada frente a ventanas sur / aislamiento de techos / Applied strategies | minimal remodeling of existing house / shaded terrace on west façade / cross-ventilation / concrete mesh outside south-facing windows / roof insulation.

7

Escuela Politécnica Labarthe - Sede Chiclayo

Cliente / Client | Ministerio de Educación / Peru's Ministry of Education
Modalidad / Project type | Concurso / Competition
Ubicación / Location | Chiclayo, Perú
Área construida / Construction | 4 130 m²
Área de terreno / Plot | 6 246 m²
Proyecto / Project date | 2020 - en desarrollo / 2020-under construction
En asociación con / In association with | Samadhi / ADN

Estrategias aplicadas | restauración de edificio patrimonial en adobe y madera / produce plaza de uso público / madera certificada / diseño que cuida ciclo del agua / Applied strategies | restoration of a listed building in adobe and wood / creates a public plaza / use of certified wood / water-cycle conscious design.

8

Escuela Politécnica Labarthe - Sede Pimentel

Cliente / Client | Ministerio de Educación
Modalidad / Project type | Concurso / Competition
Ubicación / Location | Pimentel, Chiclayo, Perú
Área construida / Construction | 4 784 m²
Área de terreno / Plot | 14 232 m²
Proyecto / Project date | 2020 - en desarrollo / 2020-under construction
En asociación con / In association with | Samadhi / ADN

Estrategias aplicadas | diseño de espacios de aprendizaje cuidando exposición solar e iluminación natural / ventilación natural en todos los ambientes interiores / paisajismo con especies locales para producción de sombra y refrigeración evaporativa / Applied strategies | design of learning spaces with natural lighting and regulated exposure to sunlight / natural ventilation in every interior space / landscaping with local plant species for shade and evaporative cooling.

9

Casa Yanaq

Cliente / Client | Privado / Private
Ubicación / Location | Yanahuara, Arequipa, Perú
Área construida / Construction | 436 m²
Área de terreno / Plot | 631 m²
Proyecto / Project date | 2020-2021
Construcción / Completion date | 2022 - en proceso / 2022-under construction

Estrategias aplicadas | revaloración de materiales locales: muros y bóvedas de sillar / masa térmica y orientación solar / calentadores solares / diferenciación de agua de riego y agua potable / Applied strategies | reappraisal of local materials: walls and domes using sillar / thermal mass and solar gain / solar heaters / separation of irrigation and drinking water.

10

Instituto de Enfermedades Tropicales UNTRM

Cliente / Client | Universidad Nacional Toribio Rodríguez de Mendoza
Modalidad / Project type | Contratación con el Estado / Government contract
Ubicación / Location | Chachapoyas, Amazonas, Perú
Área construida / Construction | 2 987 m²
Área de terreno / Plot | 3 894 m²
Proyecto / Project date | 2020-2021

Estrategias aplicadas | construcción con madera / atrio central de conexión y espacios de encuentro / diseño bioclimático para ventilación natural / recuperación y aprovechamiento de agua de lluvia, infiltración del excedente / paisajismo con especies locales / Applied strategies | wooden construction / central atrium as connector and meeting area / bioclimatic design for natural ventilation / rainwater collection and reuse, infiltration of surplus / landscaping with local plant species.

11 

Centro Biomédico VIDENA
Cliente / Client | Instituto Peruano del Deporte IPD / Peruvian Sports Institute (IPD)
Modalidad / Project type | Programa LEGADO (convenio G-G) Fast-Track / "Legado" Scheme (G-G agreement) Fast-Track
Ubicación / Location | San Luis, Lima, Perú
Área construida / Construction | 6 295 m²
Área de terreno / Plot | 120 500 m²
Proyecto / Project date | 2020-2021
Construcción / Completion date | 2020-2021
Concurso de calidad arquitectónica 2021 - Premio San Lorenzo, Ganador, categoría Equipamiento de servicios / Winner, Service Equipment category

Estrategias aplicadas | fachada filtro solar y de ventilación natural / se reduce el uso de A/C / iluminación artificial eficiente / equipos ahorradores de agua / Applied strategies | façade as solar filter and natural ventilation device / no A/C systems / energy efficient lighting / water-saving equipment.

12 

Markham Lower School
Cliente / Client | Markham College
Modalidad / Project type | Concurso privado / Invitational competition
Ubicación / Location | Surco, Lima, Perú
Área construida / Construction | 20 784 m²
Área de terreno / Plot | 20 000 m²
Proyecto / Project date | 2020
En asociación con / In association with | ALA architekten (Finlandia / Finland)

Estrategias aplicadas | iluminación y ventilación natural de todo el colegio / espacios de aprendizaje no convencional / diseño biofílico / espacios exteriores con protección solar / madera certificada / Applied strategies | natural lighting and ventilation throughout the school / non-traditional learning spaces / biophilic design / exterior spaces with solar protection / certified wood.

13 

Clínica Kiraw
Cliente / Client | Privado / Private
Ubicación / Location | Arequipa, Perú
Área construida / Construction | 6 287 m²
Área de terreno / Plot | 10 033 m²
Proyecto / Project date | 2020
En asociación con / In association with | Samadhi

Estrategias aplicadas | diseño solar pasivo / iluminación y ventilación natural en atrio central / Applied strategies | passive solar design / natural lighting and ventilation in the main atrium.

14 

Cinco casas en Altos Wakama
Cliente / Client | Privado / Private
Ubicación / Location | Playa Wakama, Cañete, Perú
Áreas construidas / Constructions | 244 m², 190 m², (3) 170 m²
Áreas de los terrenos / Plots | 480 m², (4) 330 m²
Proyecto / Project date | 2020
Construcción / Completion date | En proceso / Under construction

Estrategias aplicadas | materiales locales y madera certificada / ventilación natural / diseño solar pasivo / Applied strategies | local materials and certified wood / natural ventilation / passive solar design.

15 

Clínica BM
Cliente / Client | Privado / Private
Ubicación / Location | Chiclayo, Lambayeque, Perú
Área construida / Construction | 3 856 m²
Área de terreno / Plot | 644 m²
Proyecto / Project date | 2019-2022
En asociación con / In association with | Samadhi

Estrategias aplicadas | diseño solar pasivo / iluminación natural / aislamiento térmico en cubiertas / Applied strategies | passive solar design / natural lighting / thermal roof insulation.

16

UNSA Sede Majes

Cliente / Client | Universidad Nacional de San Agustín de Arequipa
Modalidad / Project type | Obras por impuestos / Infrastructure-for-Taxes Scheme
Ubicación / Location | Majes, Arequipa, Perú
Área construida / Construction | 4289 m²
Área de terreno / Plot | 48942 m²
Proyecto / Project date | 2019 - 2020

Estrategias aplicadas | patio central climatizado naturalmente con refrigeración evaporativa: vegetación, canales y espejo de agua / reutilización de los materiales del lugar / aprovechamiento de luz natural sin radiación solar / ventilación natural / paisajismo con especies locales de bajo consumo de agua / Applied strategies | central courtyard, with passive evaporative cooling trees and water bodies and a cold-air "lake" / reuse of materials from site / natural lighting without solar radiation / natural ventilation / water-conscious local landscaping.

17

Laboratorio de Ingeniería Eléctrica

Cliente / Client | Universidad Nacional de Ingeniería
Ubicación / Location | Rímac, Lima, Perú
Área construida / Construction | 3829 m²
Área de terreno / Plot | 2610 m²
Proyecto / Project date | 2019-2020
En asociación con / In association with | Samadhi

Estrategias aplicadas | sombra, iluminación y ventilación natural / paisajismo local de bajo consumo de agua / materiales locales con contenido reciclado / superficies sin acabado, cero mantenimiento / Applied strategies | shade, natural lighting and ventilation / water-conscious local landscaping / local materials with recycled content / exposed outer skin for zero maintenance.

18

Hotel Moxy - Miraflores

Cliente / Client | Granadero Inversiones
Modalidad / Project type | Concurso privado / Invitational competition
Ubicación / Location | Miraflores, Lima, Perú
Área construida / Construction | 5064 m²
Área de terreno / Plot | 605 m²
Proyecto / Project date | 2019
En asociación con / In association with | Gashu Arquitectos

Estrategias aplicadas | ratio ventana-pared para ahorro energético / zócalo urbano con áreas libres e integradas a la ciudad / Applied strategies | window-to-wall ratio for energy efficiency / ground floor with open-air areas integrated with the city.

19

Edificio Volterra

Cliente / Client | Inmobiliaria Volterra
Modalidad / Project type | Concurso privado / Invitational competition
Ubicación / Location | Miraflores, Lima, Perú
Área construida / Construction | 11224 m²
Área de terreno / Plot | 1092 m²
Proyecto / Project date | 2019

Estrategias aplicadas | fachada-filtro solar y de aire / viviendas urbanas pequeñas, todas con terrazas techadas / zócalo comercial / techo verde de uso común con circuito de *jogging* / ductos de luz natural / Applied strategies | façade as solar and air filter / small urban housing units, each with roofed terrace / ground-floor retail space / communal green rooftop terrace with running track / light tubes.

20

Edificio Villaran 325

Cliente / Client | PIONERO Grupo Inmobiliario
Ubicación / Location | Miraflores, Lima, Perú
Área construida / Construction | 5623 m²
Área de terreno / Plot | 882 m²
Proyecto / Project date | 2018-2019
Construcción / Completion date | 2019-2020

Estrategias aplicadas | fachada con elementos de sombra y guía de vegetación en madera / terraza para cada departamento / iluminación y ventilación natural / iluminación artificial de bajo consumo energético / áreas comunes de uso múltiple / Applied strategies | façade providing shade and with wooden trellises for climbers / terrace for each apartment / natural lighting and ventilation / energy efficient artificial lighting / communal multiple-use areas.

21

Oficina P+B & Samadhi Miraflores
Cliente / Client | P+B, Samadhi
Modalidad / Project type | Proyecto privado / Private commission
Ubicación / Location | Miraflores, Lima, Perú
Área construida / Construction | 160 m²
Área de terreno / Plot | 882 m²
Proyecto / Project date | 2019
Construcción / Completion date | 2019

Estrategias aplicadas | remodelación mínima de oficina existente / iluminación y ventilación natural / materiales de reuso / ampliación en metal y madera / Applied strategies | minimal remodeling of pre-existing office / natural lighting and ventilation / reused materials / metal and timber extension.

22

Hotel Pullman - Miraflores
Cliente / Client | ATTKO SAC
Modalidad / Project type | Proyecto privado / Private commission
Ubicación / Location | Miraflores, Lima, Perú
Área construida / Construction | 22 100 m²
Área de terreno / Plot | 1 251 m²
Proyecto / Project date | 2018-2019
Construcción / Completion date | 2020-2021
En asociación con / In association with | AMASM Arquitectos

Estrategias aplicadas | fachada ventilada y ratio ventana pared para eficiencia energética / optimización de sistema de A/C / techos verdes / iluminación natural en oficinas en sótanos / Applied strategies | ventilated façade and window-to-wall ratio for energy efficiency / A/C system optimization / green roofs / natural lighting for underground offices.

23

Facultad de Medicina UPAO - Sede Piura
Cliente / Client | Universidad Privada Antenor Orrego
Modalidad / Project type | Proyecto privado / Private commission
Ubicación / Location | Piura, Perú
Área construida / Construction | 22 114 m²
Área de terreno / Plot | 34 066 m²
Proyecto / Project date | 2018-2019
Construcción / Completion date | 2021-2023

Estrategias aplicadas | recuperación de algarrobos existentes en el terreno, diseño paisajístico de área central entorno a ellos / ubicación de los edificios para aprovechar vientos predominantes / diseño de envolvente para protección solar y ventilación cruzada / Applied strategies | recovery of pre-existing algarrobo trees, landscaping design of central area around them / buildings' location to benefit from prevailing winds / building skin designed for solar protection and cross-ventilation.

24

Escuela Nuestra Señora del Carmen de Yura
Cliente / Client | Urbi - Cementos Yura - Municipalidad de Yura
Modalidad / Project type | Obras por impuestos / Infrastructure-for-Taxes Scheme
Ubicación / Location | Yura, Arequipa, Perú
Área construida / Construction | 2 232 m²
Área de terreno / Plot | 6 117 m²
Proyecto / Project date | 2018
Construcción / Completion date | 2019
Premio Arquitectura y Ciudad 2020, Finalista / Runner-up

Estrategias aplicadas | iluminación natural cenital en las aulas / espacios de aprendizaje con aulas interiores y exteriores integradas / uso de cemento de producción local, puzolánico, por tener menor energía incorporada / Applied strategies | natural lighting devices on classroom roofs / learning spaces with integrated indoor and outdoor classrooms / locally produced pozzolan concrete with lower embodied energy.

25

Facultad de Humanidades PUCP
Cliente / Client | Pontificia Universidad Católica del Perú
Modalidad / Project type | Concurso de anteproyecto / Draft project competition
Ubicación / Location | San Miguel, Lima, Perú
Área costruida / Construction | 13 500 m²
Área de terreno / Plot | 12 346 m²
Proyecto / Project date | 2018

Estrategias aplicadas | celosía de concreto como filtro solar y barrera aerodinámica / diseño con patios hundidos en dos niveles con ambientes en contacto con el exterior e iluminados naturalmente / ventilación con geotermia de superficie / Applied strategies | concrete outer mesh as solar filter and aerodynamic barrier / sunken courtyards on two levels naturally lit spaces in contact with exterior / ventilation with surface geothermal energy.

36

Urbanización Urbi - Chimbote
Cliente / Client | Privado / Private
Ubicación / Location | Chimbote, Perú
Área / Area | 105 000 m²
Proyecto / Project date | 2015
En asociación con / In association with | Eiletz-Ortigas

Estrategias aplicadas | diseño en lotización existente, confort térmico con sistemas pasivos / viviendas prefabricadas estandarizadas y personalizables / vivienda expandible / Applied strategies | design units in existing plots, thermal confort through passive design / standarized, prefabricated housing units with customizable façades / housing design for future growth.

37

Casa BachLju
Cliente / Client | Privado / Private
Ubicación / Location | La Molina, Lima, Perú
Área construida / Construction | 414 m²
Área de terreno / Plot | 653 m²
Proyecto / Project date | 2014-2015
Construcción / Completion date | 2015-2016

Estrategias aplicadas | diseño con celosías para sombra como filtro solar / materiales locales y madera certificada / diseño solar pasivo / Applied strategies | lattice elements as shading devices / local materials and certified wood / passive solar design.

38

Casa ChaPa
Cliente / Client | Privado / Private
Ubicación / Location | Villa, Chorrillos, Lima, Perú
Área construida / Construction | 350 m²
Área de terreno / Plot | 1 287 m²
Proyecto / Project date | 2014-2015
Construcción / Completion date | 2018-2019

Estrategias aplicadas | diseño con teatinas / materiales locales y madera certificada / diseño solar pasivo / bloqueta de concreto de larga vida en entornos salinos / Applied strategies | design using "teatinas," a Peruvian lighting and ventilation device / local materials and certified wood / passive solar design / longlife salt-water resistant concrete block.

39

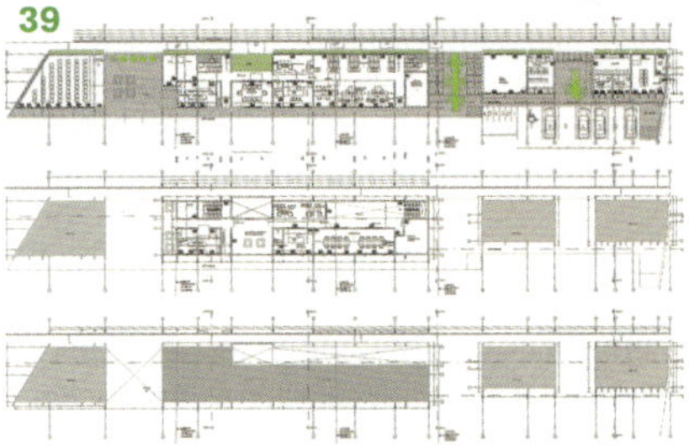

Ampliación CD Backus Tarapoto
Cliente / Client | U.C.P. Backus y Johnston S.A.A.
Ubicación / Location | Tarapoto, Perú
Área construida / Construction | 5 700 m²
Área de terreno / Plot | 6 536 m²
Proyecto / Project date | 2014
Construcción / Completion date | 2015

Estrategias aplicadas | iluminación natural y protección solar / ventilación cruzada / aislamiento térmico / materiales industriales locales / bajo mantenimiento / eficiencia energética / Applied strategies | natural lighting and solar protection / cross-ventilation / thermal insulation / local industrial materials / low maintenance / energy efficiency.

40

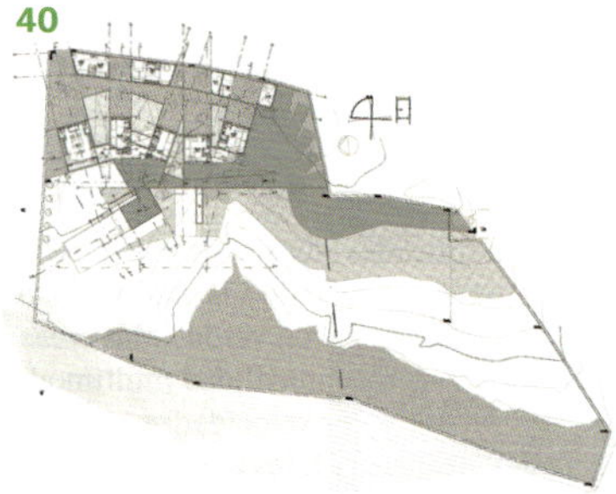

Casa MonteBianco
Cliente / Client | Privado / Private
Ubicación / Location | Lunahuaná, Cañete, Perú
Área construida / Construction | 380 m²
Área de terreno / Plot | 5 417 m²
Proyecto / Project date | 2014

Estrategias aplicadas | recuperación de construcción con muros de tapial (tierra compactada) / estructuras de madera en cubiertas / materiales locales y madera certificada / diseño solar pasivo / paisajismo con especies locales / Applied strategies | recovery of tapial walls (rammed earth) / wooden roof structures / local materials and certified wood / passive solar design / landscaping with local species.

41

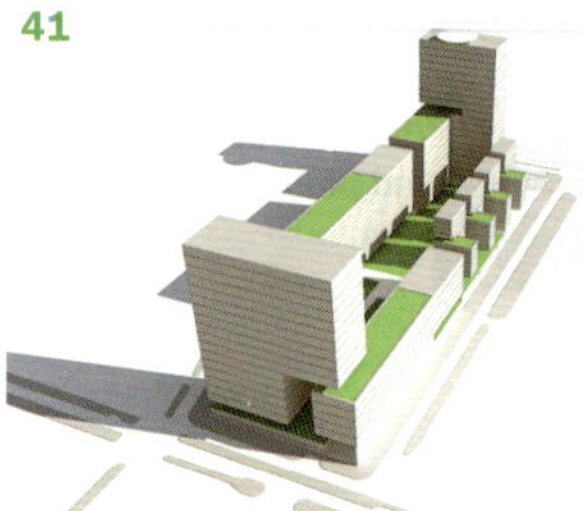

***Masterplan* Urbi - Angamos**
Cliente / Client | Privado / Private
Ubicación / Location | San Borja, Lima, Perú
Área / Area | 26 000 m²
Proyecto / Project date | 2014
En asociación con / In association with | Eiletz-Ortigas, Greg Wieland

Estrategias aplicadas | macromanzana de usos mixtos / propuesta bioclimática para confort térmico con menor consumo energético / techos verdes de uso público / vivienda, oficinas, comercio y salud / Applied strategies | mixed-use large city block / bioclimatic design to enhance thermal comfort and reduce energy use / green roofs for public use / housing units, offices, stores, and health facilities.

42

Sede del Gobierno Regional de Moquegua
Cliente / Client | Concurso Urbi / Urbi Competition
Modalidad / Project type | Obras por impuestos / Infrastructure-for-Taxes Scheme
Ubicación / Location | Moquegua, Perú
Área construida / Construction | 14 290 m²
Área de terreno / Plot | 17 700 m²
Proyecto / Project date | 2014

Estrategias aplicadas | doble techo ventilado / diseño paramétrico para control solar y efectos con luz natural / ventilación con geotermia de superficie / recuperación de manantial de agua subterránea y diseño paisajístico para conservar el ecosistema de humedal / materiales locales / Applied strategies | ventilated dual roof / parametric design to regulate solar gain and natural lighting effects / surface geothermal ventilation / recovery of underground water source and landscaping design to preserve wetland ecosystem / local materials.

43

Edificio Mixto Salaverry Nesta
Cliente / Client | COSAPI
Ubicación / Location | Jesús María, Lima, Perú
Área construida / Construction | 60 692 m²
Área de terreno / Plot | 4 793 m²
Proyecto / Project date | 2014

Estrategias aplicadas | iluminación y ventilación natural / iluminación artificial eficiente / materiales locales y con certificaciones ecológicas / equipos ahorradores de agua / usos mixtos complementarios a la vivienda / Applied strategies | natural lighting and ventilation / energy efficient artificial lighting / local materials with ecological certifications / water saving devices / mixed, complementary uses for housing units.

44

Edificio LUMO
Cliente / Client | Inmobiliaria Rotonda
Ubicación / Location | Miraflores, Lima, Perú
Área construida / Construction | 3 732 m²
Área de terreno / Plot | 544 m²
Proyecto / Project date | 2013-2014
Construcción / Completion date | 2019-2020

Estrategias aplicadas | iluminación y ventilación natural / iluminación artificial eficiente / materiales locales y con certificaciones ecológicas / equipos ahorradores de agua / Applied strategies | natural lighting and ventilation / energy efficient artificial lighting / local materials with ecological certifications / water saving devices.

45

Edificio mixto Colonial
Cliente / Client | Inmobiliaria Los Portales
Ubicación / Location | Cercado de Lima, Lima, Perú
Área construida / Construction | 27 400 m²
Área de terreno / Plot | 2 960 m²
Proyecto / Project date | 2012-2013
Construcción / Completion date | 2013-2014

Estrategias aplicadas | edificio de vivienda de alta densidad, con servicios complementarios (guardería, gimnasio, etc.) / techo verde sobre zócalo comercial, para uso de recreación de la vivienda / Applied strategies | high-density housing with additional amenities (daycare, gym, etc.) ground-floor / retail space's green roof provides recreational area for housing units.

46

Clínica Delgado
Cliente / Client | AUNA
Ubicación / Location | Miraflores, Lima
Área construida / Construction | 65 000 m²
Área de terreno / Plot | 6 820 m²
Proyecto / Project date | 2009-2010
Construcción / Completion date | 2011-2012
En asociación con / In association with | Gresham, Smith & Partners, Samadhi

Estrategias aplicadas | iluminación natural y vistas de calidad / envolvente con vidrios *low-e*, de baja ganancia solar / equipos ahorradores de agua y energía eléctrica / paisajismo con especies locales y riego por goteo / Applied strategies | natural lighting and panoramic views / low-e, low solar heat gain glazing / water and energy saving equipment / water-conscious local landscaping.

47 

Edificio mixto Hotel Innside + residencial Lust

Cliente / Client | INVERKO Inmobiliaria
Ubicación / Location | Miraflores, Lima, Perú
Área construida / Construction
Vivienda / Housing | 9 600 m²
Hotel / Hotel | 18 168 m²
Área de terreno / Plot | 1 526 m²
Proyecto / Project date | 2012-2013
Construcción / Completion date | 2016-2017
Premio Arquitectura y Ciudad 2020, Finalista / Runner-up

Estrategias aplicadas | edificio mixto con usos de hotel, vivienda y comercio / fachada de hotel con proporción ventana-pared que reduce consumo energético / fachada de vivienda permite ingreso de sol de la mañana / se integra con la calle y la ciudad / genera espacio público dentro de la manzana / Applied strategies | mixed-use building for hotel, housing, and retail / hotel façade with window-to-wall ratio for energy efficiency / housing façade lets in the morning sun / integration with the surroundings / produces public space toward the block's interior.

48 

Centro de Convenciones Hotel Libertador

Cliente / Client | Hotel Libertador
Modalidad / Project type | Concurso privado / Invitational competition
Ubicación / Location | Yanahuara, Arequipa, Perú
Área construida / Construction | 1500 m²
Área de terreno / Plot | 6 800 m²
Proyecto / Project date | 2012

Estrategias aplicadas | construcción en subsuelo para preservar área verde existente y visuales / aprovechamiento de la inercia térmica del suelo de materiales masivos / gestión de agua de lluvia / recreación de cantera de sillar (piedra local histórica) / ventilación con geotermia de superficie / Applied strategies | construction below grade to preserve the existing green area and sightlines / climate design based on thermal inertia of the ground and massive materials / rainwater management / recreation of a sillar (local historical stone) quarry / surface geothermal ventilation.

49 

Oficinas y Talleres Volvo Chile

Cliente / Client | Volvo Trucks Spa
Ubicación / Location | Santiago, Chile
Área construida / Construction | 9 000 m²
Área de terreno / Plot | 7 487 m²
Proyecto / Project | 2012
Construcción / Completion date | 2014
En asociación con / In association with | Marsino Arquitectos

Estrategias aplicadas | iluminación natural y protección solar / ventilación natural por plenum / aislamiento térmico de la envolvente / Applied strategies | natural lighting and solar protection / natural ventilation using plenum / thermal insulation of the envelope.

50 

Casa SilfBo

Cliente / Client | Privado / Private
Ubicación / Location | Miraflores, Lima, Perú
Área construida / Construction | 406 m²
Área de terreno / Plot | 222 m²
Proyecto / Project date | 2012
Construcción / Completion date | 2013

Estrategias aplicadas | celosías limeñas / pisos tradicionales de fabricación local manual / materiales locales y madera certificada / diseño solar pasivo / Applied strategies | Lima's traditional lattices / handcrafted, locally made flooring / local materials and certified wood / passive solar design.

51 

Casa Vega

Cliente / Client | Privado / Private
Ubicación / Location | Santa Eulalia, Huarochirí, Perú
Área construida / Construction | 400 m²
Área de terreno / Plot | 5 000 m²
Proyecto / Project date | 2011-2012
Construcción / Completion date | 2013

Estrategias aplicadas | materiales locales y madera certificada / diseño solar pasivo / paisajismo con especies locales / ventilación e iluminación natural / Applied strategies | local materials and certified wood / passive solar design / landscaping with local plants / natural ventilation and lighting.

52 

Multifamiliar Verdea
Cliente / Client | Inmobiliaria Rotonda
Ubicación / Location | Miraflores, Lima, Perú
Área construida / Construction | 4500 m²
Área de terreno / Plot | 600 m²
Proyecto / Project date | 2011-2012
Construcción / Completion date | 2012-2013

Estrategias aplicadas | iluminación y ventilación natural eficiente / materiales locales y con certificaciones ecológicas / equipos ahorradores de agua y energía eléctrica / Applied strategies | natural and efficient lighting and ventilation / local, ecologically certified materials / water and energy-saving systems.

53 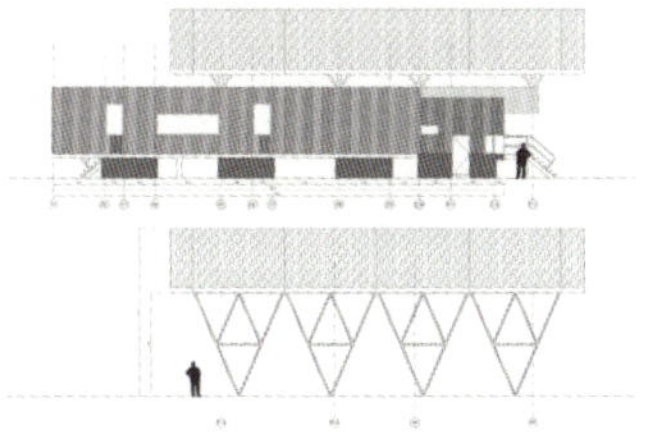

Gatehouse y servicios - CD Cusco
Cliente / Client | U.C.P. Backus y Johnston S.A.A.
Ubicación / Location | Cusco, Perú
Área construida / Construction | 438 m²
Área de terreno / Plot | 6360 m²
Proyecto / Project date | 2011
Construcción / Completion date | 2012

Estrategias aplicadas | protección solar / ventilación natural / construcción prefabricada ligera / aislamiento térmico / Applied strategies | solar protection / natural ventilation / lightweight prefabricated construction / thermal insulation.

54 

Casa Pliegue
Cliente / Client | Eternit
Modalidad / Project type | Concurso por invitación / Invitational competition
Ubicación / Location | Lima, Perú
Área construida / Construction | 250 m²
Área de terreno / Plot | 500 m²
Proyecto / Project date | 2011

Estrategias aplicadas | estructura metálica y cerramientos de baja inercia / sombra y ventilación natural / construcción prefabricada ligera / aislamiento térmico / Applied strategies | metallic low thermal inertia construction / shading and natural ventilation / lightweight prefabricated construction / thermal insulation.

55 

Casa Campo Oeste
Cliente / Client | Privado / Private
Ubicación / Location | Cieneguilla, Lima, Perú
Área construida / Construction | 339 m²
Área de terreno / Plot | 3017 m²
Proyecto / Project date | 2010-2011
Construcción / Completion date | 2011-2012

Estrategias aplicadas | "muros tapial" de concreto, estructuras ligeras de acero y vidrio / filtros de celosía de madera / madera certificada / diseño solar pasivo, ventilación e iluminación natural / Applied strategies | concrete "tapial" walls, lightweight steel and glass structures / wooden brise-soleils / certified wood / passive solar design, natural ventilation and lighting.

56 

Centro de distribución Backus - Piura
Cliente / Client | Backus y Johnston S.A.A.
Ubicación / Location | Piura, Perú
Área construida / Construction | 10000 m²
Área de terreno / Plot | 38700 m²
Proyecto / Project date | 2011
Construcción / Completion date | 2012-2013
XV Bienal de Arquitectura Peruana, Primer premio, categoría Industria y transporte / First Prize, Industrial and Transport Construction category.

Estrategias aplicadas | ventilación natural cruzada / refrigeración evaporativa pasiva y activa / iluminación natural y protección solar / doble techo ventilado en oficinas / lucarnas a presión negativa para salida de aire caliente en almacenes / Applied strategies | natural cross-ventilation / passive and active evaporative cooling / natural lighting and solar protection / ventilated dual roof for the office space / negative pressure clerestories for the outlet of warm air in the warehouses.

57 

Oficinas y talleres Volvo Perú
Cliente / Client | Volvo Perú S.A.
Ubicación / Location | Lurín, Lima, Perú
Área construida / Construction | 11725 m²
Área de terreno / Plot | 56506 m²
Proyecto / Project date | 2010
Construcción / Completion date | 2011

Estrategias aplicadas | estrategias de fachada para iluminación natural y protección solar / en talleres, ventilación natural por lucarnas controladas / autonomía hídrica, desalinización de agua freática / tratamiento de aguas residuales para riego de áreas verdes / paisajismo con especies de bajo consumo de agua, riego por goteo / diseño de pavimentos permeables / Applied strategies | façade design for natural lighting and solar control / natural ventilation in workshops through operable clerestories / groundwater desalinization / off-grid water system, wastewater treatment for irrigating green areas / landscaping with low-water plants, drip irrigation / pervious pavement.

58 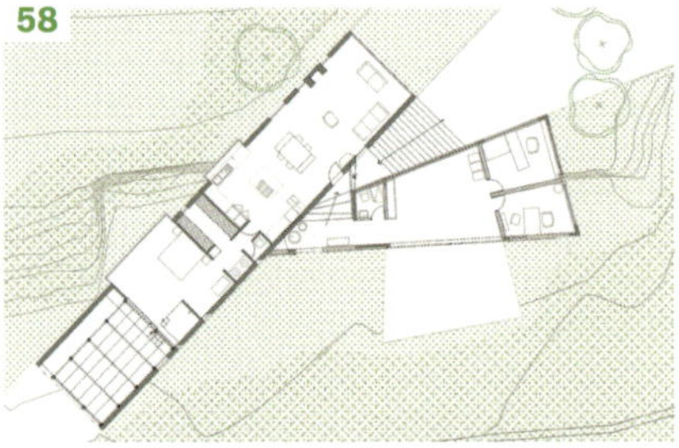

Casa Taller A/L
Cliente / Client | Privado / Private
Ubicación / Location | Pachacamac, Lima, Perú
Área construida / Construction | 232 m²
Área de terreno / Plot | 3160 m²
Proyecto / Project date | 2010
Construcción / Completion date | 2012

Estrategias aplicadas | "muro-tapial" de concreto / techos y terrazas verdes / inserción paisajística en el terreno / vegetación del lugar / diseño solar pasivo, ventilación e iluminación natural / Applied strategies | concrete "tapial" wall / green roofs and terraces / landscaping insertion on the plot / local vegetation / passive solar design, natural ventilation and lighting.

59 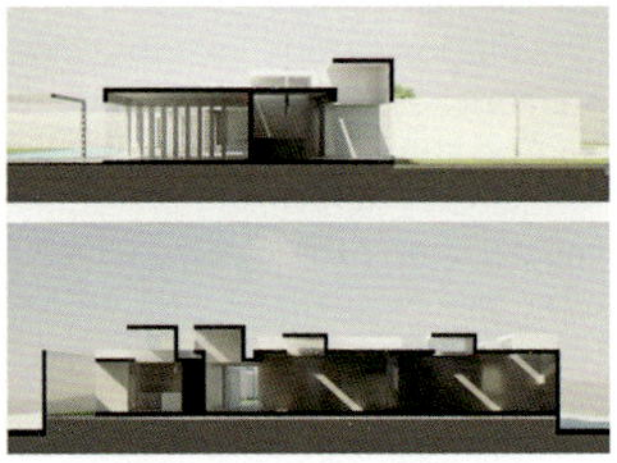

Casa en el Agua
Cliente / Client | Privado / Private
Ubicación / Location | Villa, Chorrillos, Lima, Perú
Área construida / Construction | 320 m²
Área de terreno / Plot | 1919 m²
Proyecto / Project date | 2010
Construcción / Completion date | 2011

Estrategias aplicadas | teatinas para iluminación y ventilación / diseño solar pasivo / bloqueta de concreto de larga vida en entornos salinos / Applied strategies | clerestories for lighting and ventilation / passive solar design / long-life salt-water resistant concrete block.

60 

Edificio Terrazas de Pardo
Cliente / Client | INVERKO Inmobiliaria
Ubicación / Location | Miraflores, Lima, Perú
Área construida / Construction | 13000 m²
Área de terreno / Plot | 650 m²
Proyecto / Project date | 2009
Construcción / Completion date | 2010-2011

Estrategias aplicadas | iluminación y ventilación natural eficiente / equipos ahorradores de energía / convierte áreas privadas en espacio público / Applied strategies | natural lighting and ventilation / energy-saving equipment / private areas converted into public space.

61 

Plaza de Andahuaylillas
Cliente / Client | Municipalidad de Andahuaylillas, Cusco / Andahuaylillas Municipal Government, Cusco
Modalidad / Project type | Concurso público / Public competition
Ubicación / Location | Cusco, Perú
Área construida / Construction | 9118 m²
Proyecto / Project date | 2009
En asociación con / In association with | Llona-Zamora

Estrategias aplicadas | recuperación de árboles históricos, diseño paisajístico que complementa la vegetación existente / uso de materiales locales / fuente de agua ornamental y recreativa / espacio de usos flexibles: ferias, procesiones y actividades cotidianas / peatonalización de vías circundantes / Applied strategies | recovery of historical trees, complementary landscaping / local materials / ornamental and recreational water fountain / space with flexible uses: fairs, processions, and daily activities / surrounding roads' pedestrianization.

62 

Oficina P+B & Samadhi Chorrillos
Cliente / Client | P+B, Samadhi
Modalidad / Project type | Privado / Private
Ubicación / Location | Chorrillos, Lima, Perú
Área construida / Construction | 212 m²
Área de terreno / Plot | 247 m²
Proyecto / Project date | 2009
Construcción / Completion date | 2009

Estrategias aplicadas | restauración de casa existente / iluminación y ventilación natural por teatinas existentes y nuevas / Applied strategies | restoration of pre-existing house / natural lighting and ventilation using pre-existing and new "teatinas" (a Peruvian lighting and ventilation device).

63

Casa en Santa Eulalia

Cliente / Client | Privado / Private
Ubicación / Location | Santa Eulalia, Huarochirí, Lima, Perú
Área construida / Construction | 160 m²
Área de terreno / Plot | 1 200 m²
Proyecto / Project date | 2008
Construcción / Completion date | 2009
Concurso Calidad Arquitectónica 2010, primer premio nacional, categoría Vivienda / First Prize National, Housing category

Estrategias aplicadas | masa térmica en primer piso y aislamiento térmico en segundo piso, ventilación cruzada controlada / cuidado de árboles preexistentes / tratamiento de aguas residuales y riego por infiltración / paneles solares térmicos / madera FSC y tratada con aceites naturales / Applied strategies | thermal mass on ground floor and thermal insulation on second floor, controled cross-ventilation/ protection of pre-existing trees / wastewater treatment and irrigation by infiltration / thermal solar panels / FSC-certified wood treated with natural oils.

64

Instituto Nacional del Corazón INCOR

Cliente / Client | Sistema Nacional de Salud - Essalud
Ubicación / Location | Jesús María, Lima, Perú
Área construida / Construction | 14 577 m²
Área de terreno / Plot | 7304 m²
Proyecto / Project date | 2007-2008
Construcción / Completion date | 2008-2009
En asociación con / In association with | Javier Caravedo
Premio Calidad Arquitectónica 2009, categoría Sectores sociales / Public Sector category

Estrategias aplicadas | iluminación natural y protección solar / ventilación natural por plenum / extracción por termosifón en atrio principal / geotermia de superficie en auditorio / habitaciones al sol del invierno / Applied strategies | natural lighting and solar protection / natural ventilation by ceiling plenum / stack ventilation in main atrium / surface geothermal ventilation in auditorium / rooms to the winter sun.

65

Edificio Los Sauces

Cliente / Client | URBANOVA Inmobiliaria
Ubicación / Location | La Molina, Lima, Perú
Área construida / Construction | 7 900 m²
Área de terreno / Plot | 2 500 m²
Proyecto / Project date | 2007
Construcción / Completion date | 2009

Estrategias aplicadas | iluminación y ventilación natural eficientes / pasajes a través del lote conectan calle y parque / fachadas laterales hacia pasajes / Applied strategies | efficient natural lighting and ventilation / alleys through the plot connect the street and the park / lateral façades to the alleys.

66

***Townhouses* Arboleda**

Cliente / Client | URBANOVA Inmobiliaria
Ubicación / Location | La Molina, Lima, Perú
Área construida / Construction | 7 500 m²
Área de terreno / Plot | 6 000 m²
Proyecto / Project date | 2007

Estrategias aplicadas | *townhouses* con espacio público peatonal, estacionamientos en subsuelo / diseño con iluminación y ventilación natural eficiente / Applied strategies | townhouses with pedestrianized areas, underground parking / natural and efficient lighting and ventilation design.

67

Edificio Paracas

Cliente / Client | La Venturosa Inmobiliaria
Ubicación / Location | Miraflores, Lima, Perú
Área construida / Construction | 7 500 m²
Área de terreno / Plot | 6 000 m²
Proyecto / Project date | 2007
Construcción / Completion date | 2008
Concurso Nacional Calidad Arquitectónica 2007, segundo premio, categoría Vivienda / Second Prize, Housing category

Estrategias aplicadas | protección acústica de avenida principal / diseño con iluminación y ventilación natural eficiente / Applied strategies | acoustic insulation from traffic noise on main avenue / natural and efficient lighting and ventilation design.

Susel Biondi Antúnez de Mayolo

In 1994, Biondi graduated as an architect from the Universidad Ricardo Palma (URP) in Lima, Peru, with the Cori Wasi Prize for the best student and the best thesis of the year. Lecturer from 1999 to 2002 at the design workshop in the URP's Faculty of Architecture. In 2002, she undertook graduate studies in Construction and Sustainable Urban Design at the Institute for Housing and Urban Development Studies in Holland. In 2008, she completed her doctorate in architecture at the UCLouvain in Belgium.

Since 2003, Biondi has been associate professor at the Faculty of Architecture in the Pontificia Universidad Católica del Perú. Member of the Board of the master's course in Sustainable Architecture, Urbanism and Land Development, where she has also been a lecturer since its beginnings in 2017.

Member of organizing committees of international architecture congresses, jury member for architecture competitions and scientific committees of congresses and journals. Currently belongs to the international organization of Sustainable Architecture and Urban Design, Passive and Low Energy Architecture (PLEA), and the Latin American and Caribbean Chapter (PLEA-LAC) committee. Member of the Leadership Community for Sustainable Buildings in Latin America (CLESAL).

René Poggione

Graduated as an architect in 1985 from the Universidad de Morón (UM), in Buenos Aires, Argentina. Resident in Peru since 1988, where he has developed his career as a practicing architect and academic, starting with Franco Vella and Javier Seoane. In 1989, he studied a postgraduate degree in the theory of architecture at the Istituto Universitario di Architettura di Venezia, Italy. He founded his own architecture studio in 1990. In 1996, he worked in partnership with Augusto Ortiz de Zevallos before resuming his career as an independent architect. In 1999, he formed a partnership with Susel Biondi and together they founded Poggione+Biondi Arquitectos.

In parallel, Poggione has taught at the Faculty of Architecture at UM, the Faculty of Architecture of the Universidad de Ingeniería for its undergraduate and master's programs, and the Faculty of Architecture of the Universidad Ricardo Palma, where he directed the "Taller 14" workshop in 1999, for which he was awarded the National Prize in 2002 for the "Best Architecture Workshop" at the Architecture Biennial of Peru, and the A/mbiente Award for "Best Latin American Sustainable Architecture Workshop." Since 2008, he is professor of architectural design at the Pontificia Universidad Católica del Perú.

He studied a PhD in Architectural Pedagogy from 2005 to 2006 at UCLouvain, Belgium. In 2006, he founded Samadhi Arquitectura para la Salud, with Javier Caravedo. In that same year he was a jury member and guest lecturer at the Ibero-American Architecture Biennial.

In 2017, he studied a master's degree in Healthcare Architecture at the Universidad Católica de Murcia, Spain. Since 2021, he has studed a PhD in Architecture at the Faculty of Architecture in the Universidad de la República, in Montevideo, Uruguay. He has written articles on the pedagogy of architectural design in specialist publications and been a guest lecturer in Argentina, Chile, Colombia, Uruguay, and Spain.

They co-founded Poggione+Biondi Arquitectos in late 1999 in order to create sustainable architecture in each project, on every scale and typology, and for every client. The studio has completed projects for institutions, corporations, hotels, education providers—from primary schools to universities—as well as residential developments on various scales, with a particular focus on social housing. Susel and René work to make architecture sensitive to human needs, with environmental responsibility and local responses informed by a global awareness. Poggione+Biondi Arquitectos is the founding member of the Peruvian Association of Architecture Studios and it has won national and international prizes for its projects and lifetime achievements.

Susel Biondi Antúnez de Mayolo

En 1994 obtuvo el grado de bachiller en arquitectura por la Universidad Ricardo Palma, en Lima, Perú, con el Premio Ccori Wasi a la mejor alumna de la promoción y el premio a la mejor tesis del año. De 1999 a 2002 fue profesora de taller de diseño en la Facultad de Arquitectura en la misma casa de estudios. En 2002 cursó el posgrado en Construcción y Diseño Urbano Sostenible, en el Institute for Housing and Urban Development Studies de Holanda. En 2008 concluyó el doctorado en arquitectura en la UCLouvain, Bélgica.

Desde 2003 y hasta la fecha es profesora asociada en la Facultad de Arquitectura de la Pontificia Universidad Católica del Perú. También integra el Comité directivo de la Maestría en Arquitectura, Urbanismo y Desarrollo Territorial Sostenible donde además enseña desde su fundación, en 2017.

Ha sido miembro de comités organizadores de congresos internacionales de arquitectura, jurado de concursos de arquitectura y de comités científicos de congresos y revistas. En la actualidad es miembro de la organización internacional en arquitectura y diseño urbano sostenibles Passive and Low Energy Architecture (PLEA) y del Comité del capítulo Latinoamérica y el Caribe (PLEA-LAC). Forma parte de la Comunidad Liderazgo para Edificaciones Sostenibles en América Latina (CLESAL).

René Poggione

En 1985 obtuvo el grado de arquitecto por la Universidad de Morón, en Buenos Aires, Argentina. Desde 1988 radica en Perú, ahí desarrolló su carrera profesional y docente, y comenzó a trabajar con Franco Vella y Javier Seoane. En 1989 cursó el posgrado en teoría de la arquitectura en el Istituto Universitario di Architettura di Venezia, Italia. Fundó su estudio de arquitectura en 1990. En 1996 se asoció con Augusto Ortiz de Zevallos, para luego volver a la práctica profesional de modo independiente. En 1999 se unió con Susel Biondi para fundar Poggione+Biondi Arquitectos.

Al mismo tiempo desarrolló su carrera docente en la Facultad de Arquitectura de la Universidad de Morón, la Facultad de Arquitectura de la Universidad Nacional de Ingeniería en licenciatura y maestría, y la Facultad de Arquitectura de la Universidad Ricardo Palma. En esta casa de estudios ganó la jefatura de cátedra del Taller 14, en 1999, con el que obtuvo en 2002 el Premio Nacional “Mejor taller de enseñanza de la arquitectura” en la Bienal de Arquitectura del Perú y el Premio A/mbiente “Mejor taller latinoamericano de arquitectura sostenible”. Desde 2008, es profesor de diseño arquitectónico en la Pontificia Universidad Católica del Perú.

De 2005 a 2006 cursó el doctorado en pedagogía del proyecto arquitectónico en la UCLouvain, Bélgica. En 2006 fundó Samadhi Arquitectura para la Salud, con Javier Caravedo. El mismo año fue jurado y conferencista invitado en la Bienal Iberoamericana de Arquitectura.

En 2017 concluyó la maestría en arquitectura hospitalaria en la Universidad Católica de Murcia, España. Desde 2021 cursa el doctorado en arquitectura, en la Facultad de Arquitectura de la Universidad de la República, en Montevideo, Uruguay. Ha publicado artículos sobre pedagogía del diseño arquitectónico en medios especializados y ha sido conferencista invitado en Argentina, Chile, Colombia, Uruguay y España.

Juntos fundaron Poggione+Biondi Arquitectos a finales de 1999 con el objetivo de hacer arquitectura sostenible en cada obra, de cualquier escala y tipología, para todos los clientes. Desde entonces han desarrollado proyectos institucionales, industriales, hoteleros, educativos —desde centros de educación inicial hasta universidades— y residenciales en diversas escalas, con especial interés en la vivienda social. Susel y René buscan hacer arquitectura humanamente sensible, ambientalmente responsable, con repuestas locales que se saben parte de un mundo global. Poggione+Biondi Arquitectos es miembro fundador de la Asociación Peruana de Estudios de Arquitectura y ha conseguido reconocimientos nacionales e internacionales por sus proyectos y trayectoria.

Premios y reconocimientos
Prizes and distinctions

2022

XVII Bienal de Arquitectura Peruana

- Primer premio, categoría Arquitectura sostenible: Vivienda social "Construye para Crecer" 2021, Lima / First prize in the Sustainable Architecture category: Social Housing "Construye para Crecer" 2021, Lima
- Mención honorífica categoría Innovación: Multifamiliar You5020 / Honorable mention, Innovation category: You5020 Residential Building
- Mención honorífica categoría Comercio: Hotel Holiday Inn - Miraflores / Honorable mention, Commercial Building category: Holiday Inn Hotel - Miraflores

International Architecture Awards

- Mención honorífica: Hotel Pullman - Miraflores / Honorable Mention: Pullman Hotel - Miraflores

Emerging Environmental Architect Award, PLEA 2022

- Premio a la trayectoria / Lifetime Achievement Prize

2021

Nominado al Premio de las Américas Mies Crown Hall
Nominated for the Mies Crown Hall Americas Prize

I Bienal Internacional de Arquitectura de Lima

- Primer premio nacional, categoría Equipamiento / First prize (national), Facility category: Centro Biomédico Mejorado Videna

2020

Premio Dossier de Arquitectura

- Primer lugar nacional categoría Arquitectura: Casa ChaPa / First prize (national), Architecture category: ChaPa House

Premio Arquitectura y Ciudad 2020

- Primer lugar nacional, categoría Hospedaje: Hotel Holiday Inn - Miraflores / First prize (national), Hospitality category: Holiday Inn Hotel - Miraflores
- Finalista nacional, categoría Educación / Runner-up (national), Education Facility category: Colegio Nuestra Señora de Yura
- Finalista nacional, categoría Edificio Mixto / Runner-up (national), Mixed-Use Building category: Lust-Hotel Innside

2019

Premio Dossier de Arquitectura

- Premio a la trayectoria / Lifetime Achievement Prize

2017

Certificación Internacional ISO 9001, versión 2015, en proceso de diseño arquitectónico
ISO 9001 international certification, version 2015, in architectural design process

2014

XVI Bienal de Arquitectura Peruana

- Mención honorífica, categoría Arquitectura: Multifamiliar Verdea / Honorable Mention, Architecture category: Verdea Residential Building

2013

Premio Perú 2021 a la Responsabilidad Social y Desarrollo Sostenible de las Empresas

- Categoría Ambiente: Centro de distribución Backus - Piura / Environment category: Backus Distribution Center - Piura

Green Planet Architects Award

2012

XV Bienal de Arquitectura Peruana

- Primer premio, categoría Industria y transporte: Centro de distribución Backus - Piura / First prize, Industry and Transport category: Backus Distribution Center - Piura
- Primer premio nacional, categoría Vivienda de campo o playa: Casa Campo Oeste / First prize (national), Country or Beach Home category: Westfield House
- Primer premio, categoría Industria y transporte macro región norte: Centro de distribución Backus - Piura / First prize, Industry and Transport in Macro Northern Region category: Backus Distribution Center - Piura

Participante en el colectivo YUQUN en la Bienal de Arquitectura de Venecia
Participant in the YUQUN collective at the Architecture Biennial of Venice

2011

Concurso La Casa Urbana Eternit

- Tercer lugar, categoría Vivienda unifamiliar: Casa Pliegue / Third place, Single-Family Residence category: Pliegue House

2009

Concurso Nacional de Calidad Arquitectónica CAP. Premio Celima

- Primer premio, categoría Vivienda unifamiliar-temporal: Casa en Santa Eulalia / First prize, Single-Family/Temporary Residence category: House in Santa Eulalia
- Primer premio, categoría Sectores sociales / First prize, Public Sector category: INCOR

2007

Concurso Nacional de Calidad Arquitectónica CAP. Premio Celima

- Segundo premio, categoría Vivienda multifamiliar: Edificio Paracas / Second prize, Multifamily Residence category: Paracas Building

2006

Concurso Nacional de Calidad Arquitectónica CAP. Premio Celima

- Segundo premio, categoría Vivienda temporal: Casa Czeckay / Second prize, Temporary Residence category: Czeckay House

XII Bienal de Arquitectura del Perú

- Primer premio, categoría Vivienda social: Residencial Piura / First prize, Social Housing category: Piura Residential Building

2005

V Bienal Iberoamericana de Arquitectura

- Finalista / Runner-up

Concurso Nacional de Calidad Arquitectónica CAP. Premio Celima

- Primer premio, categoría Vivienda temporal: Casa Larga / First prize, Temporary Residence category: Long House

2004

Concurso Nacional de Calidad Arquitectónica CAP. Premio Celima

- Segundo premio, categoría Vivienda unifamiliar: Casa Pequeña Tierra / Second prize, Single-Family Residence category: Pequeña Tierra House

IV Bienal Iberoamericana de Arquitectura

- Finalista / Runner-up

2003

Premio Mies van der Rohe

- Finalista / Runner-up

2002

Premio A/mbiente al mejor taller latinoamericano de arquitectura sostenible
A/mbiente Prize for best Latin American sustainable architecture workshop

2000

XI Bienal de Arquitectura del Perú

- Primer Premio, categoría educación Mejor taller universitario de diseño arquitectónico / First place, category Best university architectural design workshop

Acknowledgements

Special thanks to Zaida Muxí and Josep Maria Montaner for giving us the idea to make this book, which was born one afternoon at home, when the Peruvian-Catalan duo routed the pair of self-exiled Argentineans at table football.

Our thanks also to Miquel Adrià, for his patience, enthusiasm, good humor, and critical gaze to keep the flame alight.

To Roberto Fernández, teacher and companion on our adventures, who published an early article about our shared life, dreams, and projects in *Summa+*, and twenty years later kindly contributed a text for this book that returns to some of the moments we spent together.

To Paulo Dam, friend, fellow PhD student at UCLouvain and current dean of the Faculty of Architecture at the Pontificia Universidad Católica del Perú, our refuge, who encouraged and sponsored this publication.

To Cristóbal Palma, whose "lucid camera" gave that other gaze that unveiled the projects.

To Elsa Ramírez, Michelle Llona, Juan Solano, and Renzo Rebagliatti, for their photographs that have accompanied our projects over the years, and to Evelyn Merino-Reyna for her aerial photographs of Peru.

To Mateo Eiletz and Miguel Bartolucci, with whom we have surmounted our architectural solitudes.

To Sandra Varón and Jorge Ramírez, fellow adventurers in the world of sustainability.

We are grateful to our partners with whom we have worked on projects—first and foremost, Javier Caravedo, for more than twenty hospital buildings. We should collaborate in the future on a book to tell the stories of healthcare architecture.

We are also indebted to Mateo Eiletz and Claudia Ortigas for their positive contributions to our office for two years. To Greg Weiland de Gresham, Smith & Partners, our co-designer for the Delgado Clinic. To Jorge Marsino, for the Volvo Chile project. To Essi Rautiola, Samuli Woolston, and Isabel Sánchez of ALA Architects, Finland, for the Markham College competition. To Michelle Llona, Cynthia Seinfeld, and Jorge Burga for the PUCP Faculty of Performing Arts competition. To Lili Wild and Matthias Stark of Wild Stark Architekten, Switzerland, for the Heidi Abel housing development competition, in Zurich. To Patricio Morelli of AMASM, Chile, for the Pullman Hotel co-design. To Chalo Palomino and Giancarlo Chapuñan of ADN, with whom we won the Chiclayo and Pimentel Polytechnic Colleges competition.

We are also grateful to all those who have worked with us over the years and who have shared our love for architecture, and without whom nothing would have been possible.

To Manuel Chau, for his company for more than fourteen years and for contributing his enormous talent, intelligence, and good humor in each of our projects.

To Javier Elice, Violeta Córdova, Ángeles Maqueira, Michelle Llona, Rafael Zamora, Ricardo Huanqui, Andrés Carpio, Johana Troll, Carlos Echegaray, Pipola Gómez, Michelle Álvarez, Gonzalo Luyo, Carla Jara, Claudia Vela, Cristina Andrade, Gabriela Ibáñez, Claudia Vásquez, Edwin Lam, Javier Vásquez, José Carlos Valdivia, Carlos Elías, Natali Paucar, Pedro Mendoza, Vincent Juillerat, Daniel Flores, Patricia Melgarejo, Marian Tapia, María Errecalde, Antonio Conte, Michele Candiotto, Arely Amaut, Eva Greiwe, Cristina Andrade, Lucila Poggione, Rosaria García, Claudio Solari, Alejandro Muro, Carlos Seminario and María Pía Arata, Diego Tasayco, Evelin Raico, Anthony Aquino, Agustina Poggione, Andrea Huamán, Carolina Ventura, Valeria Alata, Luciana Gómez, Yajaira Zevallos, Karen Canaza, Antonio Garaycochea, Juan Dimara,

Agradecimientos

Agradecemos en especial a Zaida Muxí y Josep Maria Montaner por la idea de hacer este libro, que nació una tarde en casa, cuando la dupla de la peruana y el catalán barrió a la pareja de argentinos autoexiliados en el fulbito de mesa.

Damos las gracias a Miquel Adrià por la paciencia, el entusiasmo, el buen humor y la mirada crítica para mantener la mecha encendida.

Gracias a Roberto Fernández, maestro y compañero de travesías, que publicó un primer artículo sobre esta incipiente pareja de vida, sueños y trabajos en *Summa+*, y veinte años después escribió para este libro un texto que recorre con afecto los momentos compartidos.

A Paulo Dam, amigo, compañero de doctorados en UCLouvain y actual decano de la Facultad de Arquitectura de la Pontificia Universidad Católica del Perú (PUCP), nuestro refugio, gracias por alentarnos y auspiciar esta publicación.

Agradecemos a Cristóbal Palma, que encontró con su "cámara lúcida" esa otra mirada que develó las obras.

A Elsa Ramírez, Michelle Llona, Juan Solano y Renzo Rebagliatti, por sus fotografías que han acompañado nuestros proyectos a lo largo de los años, y a Evelyn Merino-Reyna por sus fotos de paisajes de Perú desde el aire.

A Mateo Eiletz y Miguel Bartolucci, con quienes hemos sobrellevado soledades arquitectónicas.

A Sandra Varón y Jorge Ramírez, con quienes compartimos la aventura de la sostenibilidad.

Estamos agradecidos con los socios con los que hemos compartido proyectos, en primer lugar, con Javier Caravedo por las más de veinte obras hospitalarias, con quien deberíamos hacer otro libro para contar las historias de la arquitectura para la salud.

Agradecemos a Mateo Eiletz y Claudia Ortigas, quienes enriquecieron nuestra oficina durante dos años. A Greg Weiland de Gresham, Smith & Partners, con quien diseñamos la Clínica Delgado. A Jorge Marsino por el proyecto de Volvo Chile. A Essi Rautiola, Samuli Woolston e Isabel Sánchez de ALA Architects, Finlandia, por el concurso del Markham College. A Michelle Llona, Cynthia Seinfeld y Jorge Burga por el concurso de la Facultad de Artes Escénicas de la PUCP. A Lili Wild y Matthias Stark de Wild Stark Architekten, Suiza, por el concurso de vivienda Heidi Abel, en Zúrich. A Patricio Morelli de AMASM, Chile, por el codiseño del Hotel Pullman. A Chalo Palomino y Giancarlo Chapuñan de ADN, con quienes ganamos el concurso de los Colegios Politécnicos de Chiclayo y Pimentel.

Gracias a todos los que han colaborado con nosotros a lo largo de los años, con quienes hemos compartido el amor por la arquitectura. Sin ellos nada hubiera sido posible.

A Manuel Chau, por su compañía desde hace más de catorce años y por aportar su gran talento, inteligencia y buen humor a cada uno de nuestros proyectos.

A Javier Elice, Violeta Córdova, Ángeles Maqueira, Michelle Llona, Rafael Zamora, Ricardo Huanqui, Andrés Carpio, Johana Troll, Carlos Echegaray, Pipola Gómez, Michelle Álvarez, Gonzalo Luyo, Carla Jara, Claudia Vela, Cristina Andrade, Gabriela Ibáñez, Claudia Vásquez, Edwin Lam, Javier Vásquez, José Carlos Valdivia, Carlos Elías, Natali Paucar, Pedro Mendoza, Vincent Juillerat, Daniel Flores, Patricia Melgarejo, Marian Tapia, María Errecalde, Antonio Conte, Michele Candiotto, Arely Amaut, Eva Greiwe, Cristina Andrade, Lucila Poggione, Rosaria García, Claudio Solari, Alejandro Muro, Carlos Seminario y María Pía Arata, Diego Tasayco, Evelin Raico, Anthony Aquino, Agustina Poggione, Andrea Huamán, Carolina Ventura, Valeria Alata, Luciana Gómez, Yajaira Zevallos, Karen Canaza, Antonio Garaycochea, Juan Dimara, Ximena Verdeguer,

Ximena Verdeguer, Claudia Kleffmann, Jaime Juscamaita, Gabriela Saba, Jhuliana Taboada, Juan Caycho, Kevin Caycho, Isabel Pajuelo, Javier Hernández, Andrés Privat, Mariana de la Cruz, Lucía Ghersi, Anais Huanca, Adriana Lorena, Adriana Rojas, Greta Carpio, Claudia Vargas. To Víctor Varillas, Mónica Pacheco, Cecilia and Ricardo Palomino and Margarita Guerrero.

To Antonio Garaycochea, Mariana de la Cruz and Adriana Rojas, for editing plans for this publication.

To Francio Biondi, for his accompaniment with his creative graphic design, both in person and virtually.

To Claudia Calenzani and Supay Lab; Cristian Flores and Visualize; and Cristian Zúñiga, for creating the images of our projects.

We would also like to thank our clients and friends: Diego Ramos; Karell Inga; Rosa María Macera and Renzo Rodríguez; Leda Arias and Ricardo Sordo; Isabel and Juan Luis Yrivarren; Maribel Chini and José de la Torre Ugarte; Susy Ugas; Mosi and Jorge Olaechea; Claudia Boggio and Håkan Silfverlin; Antonella Palazzetti and Ricardo Chadwick; Malin Ljunggren and Leonardo Bacherer; Sandra Bianco and Rubén Montenegro; Clariza Alegre, Walter Salazar, Manuel and Walter Salazar Alegre; Jorge Iturrizaga; Lydia and Francisco Capurro, Manuel Capurro; Amybel and Alex Walther; the wonderful Wakama group Katia Condos and Roberto Figari, Almendra Gomelski and Tito Awe, Adriana Azopardo and Giovanna Bruni, Magali Bolívar and Olga Montero.

To Dechini, Inverko, V&V, Urbanova, Urbi, Pionero, Quatro, RH10, Manuel Cabada, Grucoba, Los Portales, Cosapi, Auna, Benjamín Mendoza, EsSalud, Pronis, Pronied, ARCC, San Agustín National University Arequipa, Universidad Nacional de Ingeniería, Universidad Nacional Toribio Rodríguez de Mendoza Chachapoyas, Universidad Privada Antenor Orrego, Divemotor, Volvo Peru, Volvo Chile, Vegetalia, Legado, Sacem, Incot, Backus, Municipality of Cusco, Lambayeque Regional Government, Peru's Ministry of Education and Peru's Navy.

Finally, we would like to thank our sponsors who have made this publication possible: PUCP, Embassy of Argentina in Peru, Hunter Douglas, Disano, Buildex, Casa Rosselló, MAVA, Maderacre, MARX, Pucon, Diar, Cerámica San Lorenzo, Thermia - Ventanas Windows, Etex, Ergomatic, Quatro, and Trianon.

Claudia Kleffmann, Jaime Juscamaita, Gabriela Saba, Jhuliana Taboada, Juan Caycho, Kevin Caycho, Isabel Pajuelo, Javier Hernández, Andrés Privat, Mariana de la Cruz, Lucía Ghersi, Anais Huanca, Adriana Lorena, Adriana Rojas, Greta Carpio, Claudia Vargas. A Víctor Varillas, Mónica Pacheco, Cecilia y Ricardo Palomino y Margarita Guerrero.

A Antonio Garaycochea, Mariana de la Cruz y Adriana Rojas, por la edición de planos para esta publicación.

A Franco Biondi, por acompañarnos con su diseño gráfico creativo, física y virtualmente.

A Claudia Calenzani y Supay Lab; Cristian Flores y Visualiza; y Cristian Zúñiga, por plasmar en imágenes nuestros proyectos.

Gracias a nuestros clientes y amigos: Diego Ramos; Karell Inga; Rosa María Macera y Renzo Rodríguez; Leda Arias y Ricardo Sordo; Isabel y Juan Luis Yrivarren; Maribel Chini y José de la Torre Ugarte; Susy Ugas; Mosi y Jorge Olaechea; Claudia Boggio y Håkan Silfverlin; Antonella Palazzetti y Ricardo Chadwick; Malin Ljunggren y Leonardo Bacherer; Sandra Bianco y Rubén Montenegro; Clariza Alegre, Walter Salazar, Manuel y Walter Salazar Alegre; Jorge Iturrizaga; Lydia y Francisco Capurro; Manuel Capurro; Amybel y Alex Walther; al lindísimo grupo de Wakama Katia Condos, Chari y Roberto Figari, Almendra Gomelski y Tito Awe, Adriana Azopardo y Giovanna Bruni, Magali Bolivar y Olga Montero.

A Dechini, Inverko, V&V, Urbanova, Urbi, Pionero, Quatro, RH10, Manuel Cabada, Grucoba, Los Portales, Cosapi, Auna, Benjamín Mendoza, EsSalud, Pronis, Pronied, ARCC, Universidad Nacional de San Agustín de Arequipa, Universidad Nacional de Ingeniería, Universidad Nacional Toribio Rodríguez de Mendoza Chachapoyas, Universidad Privada Antenor Orrego, Divemotor, Volvo Perú, Volvo Chile, Vegetalia, Legado, Sacem, Incot, Backus, Municipalidad de Cusco, Gobierno Regional de Lambayeque, Ministerio de Educación del Perú y Marina de Guerra del Perú.

Agradecemos también a todos nuestros auspiciadores que han hecho posible esta publicación: PUCP, Embajada de Argentina en Perú, Hunter Douglas, Disano, Buildex, Casa Rosselló, MAVA, Maderacre, MARX, Pucon, Diar, Cerámica San Lorenzo, Thermia - Ventanas Windows, Etex, Ergomatic, Quatro y Trianon.

Con la misma dedicación con la que hemos realizado cada una de nuestras obras, terminamos este libro en junio de 2023, en los talleres de Artron Art Printing Ltd., en China. Manteniendo la ideología de sostenibilidad, este libro está hecho con papel de piedra de 144 g, con lo que hemos ahorrado el 99% de agua, 56% de energía eléctrica y 67% de emisiones de CO_2 respecto la producción de papel convencional. No se utilizaron químicos blanqueadores ni fibras de madera. El tiraje consta de 2 000 ejemplares.

With the same dedication as in each of our projects, we completed this book in June 2023. In keeping with the ideology of sustainability, this book is made with 144 g stone paper that reduces water use by 99%, electricity by 56%, CO_2, and emissions by 67% compared to conventional paper production. It also avoids bleaching chemicals and wood fiber. Printed by Artron Art Printing Ltd., in China. 2 000 copies.